この世界中の人々に
たくさんの光が当たっていることを
感謝いたします。

JN148415

朝いちばんの言葉が、
その日の自分をつくる

起き上がる前に、ベッドの中で目を閉じたまま
「今日も素敵な朝を迎えています。今日一日、有意義に過ごします」
と、言ってから起き上がります。
じつはその朝、最初に使う言葉が
一日を左右するくらいとても重要です。
一日のはじまりの言葉、
特に朝の言葉は特別に大切にしてくださいね。

希望を持てる言葉を使いましょう。

「今日も素敵な朝を迎えています」

いい言葉で朝を迎えるといい気分で一日を過ごせます。
あなたは、いつもどんな言葉を言いながら、
起き上がっていますか？

言葉の葉っぱからのメッセージ

夢を見ました。

空を見上げていると、天から葉っぱがひらりと落ちてきた。
その葉っぱを手にとって手のひらにのせてみる。
「私はことばの葉っぱ」
どこかから、声が聞こえてくる。
「未来へ進むための前向きな言葉の中に、
いろんなチャンスが見えてくるよ。
他人が言っている後ろ向きな言葉に、
決して振り回されてはいけないよ。
『どうしたらよくなるのだろう』と

変化させるんだよ。
自分の直感を信じて。
直感をたどって、自分の求めている言葉を感じて」

葉っぱは、ヒラヒラと舞い降りてくる。
ハートの形をした葉っぱ。
透き通っている天使の羽のような葉っぱ。
まんまるのシャボン玉のなかに包まれている葉っぱ。
いろいろな色と形の言葉の葉っぱに出会い、
その前向きな言葉を誰かにプレゼントする。

もっと広い世界へ出かけよう。
誰かの満面の笑顔と喜びは
あなたのしあわせにつながっている。

心を開く言葉

愛の言葉は人の心をあたためる。
情熱の言葉は凍ってしまった心を溶かし始める。

その言葉にどれだけ想いを込めて、
相手にプレゼントできたのだろうか。

想いを込めた言葉にすべてが託されています。

すべてのことには「タイミング」があります。
準備ができていないときに
いくら素晴らしい言葉が降り注がれたとしても、
受け取ることはできません。
受け取りたければ、しっかりと心の準備をしましょう。
それには、使う言葉を選ぶこと。
なりたい自分、ありたい姿の言葉を使うこと。
言葉は人生を作ります。

聴いている人が爽やかに癒される言葉

おそうじ言葉を言っていると、
また言いたくなる素敵なことが起こります。
言葉によって現実を引き寄せられるのです。
日本の言葉は味わい深く、
いつまでも心にこだまします。

それを味わい尽くした先に、
思いもよらない素敵な景色が見えてくるのです。
それを胸に手を当てて
じっくりたっぷりと味わいましょう。

おそうじ言葉が何かって？
それはのちほど。楽しみにしていてくださいね。

青春文庫

心をピッカピカにする
おそうじ言葉

まず、３日間だけ続けてみてください

星まゆ美

青春出版社

心をピッカピカにする
おそうじ言葉

もくじ

プロローグ
人生を変える
「おそうじ言葉」と「散らかし言葉」

Part 1

Part 2 「散らかし言葉」を手放すとたちまちスッキリする

もくじ

Part 3

誰かとつながる言葉

Part 4 放つ言葉が、あなたの人生をつくる

本文デザイン
黒田志麻

帯写真
Subbotina Anna／Shutterstock.com
巻頭カラー写真
science photo／Shutterstock.com
Jacob_09／Shuttersock.com
Krivosheev Vitaly／Shutterstock.com
phloxii／Shutterstock.com
stockphoto mania／Shutterstock.com

プロローグ

人生を変える「おそうじ言葉」と「散らかし言葉」

散らかし言葉、使っていませんか?

朝、時間を気にしながら、「起きなきゃ」とギリギリの時間にようやく起きる。そして、朝食もとらずに会社に向かう。

「ギリギリさん」で1日を過ごすと、その日のすべてが落ち着かないものになってしまいます。

「急がなきゃ」
「あーもう電車に間に合わない!」

これらの言葉は、できたら言いたくないフレーズです。その通りになってしまうから。バタバタした朝には、バタバタした言葉しか出てきません。

「バタバタ時間」に追われるような言葉が口グセになっていると、まさに時間に追われる人生になります。

食事や身だしなみを整える時間もままならないまま、家を出るという毎日を繰り返すことになっていないでしょうか。

そんな朝を過ごすと、会社や学校に行った後も落ち着きません。

仕事中は「あー忙しい」「あの案件もこの案件も……困ったなぁ」の連発で、寝不足と、落ち着かない朝を過ごしたことで集中力が低くなり、

「眠い」

「なんかやる気が出ない……」

「早く帰りたいな」

と呟いてしまい、仕事の終わりは、「今日も疲れたな」と言いながら家路を急ぐ。

帰宅してからも、

「明日も会社か。行きたくないな……」

と、スマホを触りながら夜更かしして寝る。

このような言葉ばかりで一日を過ごしていませんか？

プライベートでも、

「ついてないな……」

「なんて、最悪なんだろ」

「こんなはずじゃなかったのに！」

……このような言葉が多くなっていないでしょうか。

友達に連絡をするときも、「疲れたー」、「大変だよ～」など当たり前のように使いがちです。

現代は、ネガティブな言葉が社会にあふれています。

「困った」「忙しい」「疲れた」……など心や身体をマイナス方向に持っていってしまう言葉を、私は「散らかし言葉」と呼んでいます。散らかし言葉は自己肯定感が下がる言葉でもあります。

潜在意識は言葉を本当のイメージとして受け入れますから、繰り返し使うことで、より強固にマイナス方向に働きますし、その結果、心も人生も散らかるばかり。結果、負のスパイラルに巻き込まれていきます。

散らかし言葉は日常のいたるところで使われ、知らずしらずのうちに私たち自身に大きく影響しています。

困った自分、うまくいかない自分、忙しさに振り回されてしまう自分……もしかしたら、それは〝散らかし言葉〟のせいかもしれません。散らかし言葉を使い続けていると、ありたい自分になれないのです。

言葉で人生は変わる

もし、このような言葉で毎日を過ごしているのなら、今すぐに、言葉を変えてほしいと強く思います。

一週間、一か月、半年、一年と、月日は、あっという間に経ってしまうからです。私も、そんな時間を過ごしているときがありました。どのくらいの時間でしょうか？

薄暗い森の中をさまよい歩きながら、手探りで生きていたようにも思います。あの頃があったから、今があるのですが、もう戻りたくない時間です。苦い経験は一度きりで充分だから。

そんな私だからこそ、あなたが、今、もしも同じような時間の過ごし方をして生活しているのならば、これ以上苦い経験をしてほしくはないのです。

今でこそ、私は心理カウンセラー（特に〝言葉〟を大切にしています）として活動していますが、離婚を悩んでいた頃の私の口癖は、

「なんで私ばっかりこんな目に遭わなきゃいけないの」

「私の人生はこんなはずじゃない」

と、「どうして」「なんで」ばかりの繰り返し。朝から晩までネガティブな思考をしていたと思います。

その頃の私は、「しあわせ」は、自分には手の届かない、どこかとても遠い場所にあると思い込んでいました。

「しあわせなんて、流れ星のようにほんの一瞬にやってくるもので、あっという間に私の前を通り過ぎてしまうもの」といつも思っていました。


転機は、心理学でした。

私が心理学の体験講座に参加した際、日本メンタルヘルス協会代表である衛藤信之先生の放つ言葉には、「これが言葉の力」と感じる愛や温度が存在し、

胸が熱くなるほどに魅了されました。「私は生かされている」……そんな感覚にもなりました。

心理学を学んでいくうちに、「しあわせ」はすでに自分のこころの中にあるということに気づかされたのです。

人に与えられた時間は1日24時間。時間は誰にも同じく平等に与えられています。

限りある時間をどう使うかは自由なのに、私はその時間を後悔や自責のため の、くよくよする時間に使っている――。そう思ったら、自分の貴重な時間がネガティブな感情に侵され、心を汚しているような気持ちになりました。

人の一生はあっという間です。

「一度きりの人生を悔いなく生きていきたい」

そう、心に決めた瞬間から、私の生き方は変わっていきました。

私は言葉を意識して生活し、自分の決めたことをやると決めました。

そうして生きていくうちに、生活習慣、出会う人、起こる出来事……私のまわりは劇的に変化が起きてきました。心が物事を良いほうに捉えるようになったとたん、すべてが良いほうへと動き出したのです。

自分に対しての言葉、相手に対しての言葉

生きていれば、人と関わることで嫌な思いをしたり、傷ついたりすることは避けられません。それでも、生きる喜びや、しあわせは、人と関わるからこそ得られます。人と笑い、楽しいことを共有し、人のしあわせを祝い、悲しみも分け合って乗り越えることができたなら、どれほど人生は味わい深くなることでしょう。

そして、あなたが誰かに与えたものは、いずれ必ずあなたに返ってきます。

これは自然の法則です。

ですからどうぞ、自分だけでなく他人に対しての言葉も意識してください。

あなたが誰かに与えたハッピーな言葉は、この世を素晴らしいものにします。

そして、青天井のように素敵な言葉があなたのまわりに広がり、「しあわせ」もあなたの中で果てしない青空のように広がっていくでしょう。

「言葉を大切に使うこと」は丁寧に生きること

今の私は美しい言葉を使うことにこだわって生活しています。

「美しい言葉を意識して生きていこう」と決めたときから、日々、使う言葉を大切にしています。

日本には古来から言霊（ことだま）という言葉があり、言葉には霊的な力が宿るとされてきました。日本人は昔から言葉のもつすごい力を知っていたということです。現代人である私たちも、この言葉のパワーを最大限、活用しない手はありません。

今まで「散らかし言葉」を使って生きてきたのなら、今日から、「おそうじ言葉」に変えてみませんか？

「おそうじ言葉」が何かって？

たとえば、**「愛しています」「しあわせ」「ありがとう」「ついてる」「ゆるします」**は人生をピッカピカに輝かせる五大おそうじ言葉です。**喜びと感謝を伝える言葉、この言葉を私は「おそうじ言葉」と呼んでいます。**

「人生がピッカピカに輝くおそうじ言葉」の使い方

人生がピッカピカに輝くおそうじ言葉は、それを2～3日繰り返して使うと変化を感じます。

「今、ちょっとやってみようかな」って思いましたか？

それがターニングポイント。「変わりたい」と心が思っていることを素直に感じてくださいね。

3日続けてみて、自分の中で何かが変わる小さな変化に気づいてください。それは気持ちだったり、表情だったり、いろいろです。

心にポッと灯りがともったような気分だったり、周囲から「あれ？　なんか雰囲気違うね」と言われるような言葉かもしれません。今までとは違う自分に芽生えた変化を大切にしてください。

3日続けられたら、「自分すごい」「3日できた！」とぜひ自分をほめてください。そしてまた続ける。変化を感じなくても習慣にしてしまえば、必ず形になってきます。気がついたら変わってた！　そんな自分がそこにいるはずです。

おそうじ言葉を繰り返し使い続ければ、心が前向きになり始めて、自分軸ができて、自分の決めた生き方を選べるようになります。

生き方を今日から変えるのは大変ですが、言葉を変えるのはちょっと意識すれば今日からでもできます。いつでもどこでも誰でもすぐに始められます。もちろんお金もかかりません。

ここから、今から少しずつ変わろうとしていく心の中を、おそうじ言葉でお掃除して、あなたにとって**必要な言葉を心に入れていきましょう**。おそうじ言葉ワークをやっていくうちに、やがて心が変化して、「しあわせを感じられる心」になっていきます。

気が付けばピッカピカの魅力的な人になって「どんな自分も好き」でいられる自分になっています。

では早速、使う言葉を意識してこれから日々を過ごしていくヒントをお伝えしていきましょう。

「明日は言葉で変わるから」

Part 1

喜びと感謝を伝える「おそうじ言葉」は心をピッカピカにする

苦しくて、つらくてどうしたらいいか迷っているときに
「笑ってごらん」の言葉。
泣いていたって何になるんだ?
人生にはまだ価値があるってわかるさ、君が笑ってさえいれば。
たくさんの言葉に救われて、それが音に乗せて心に届く。
あなたの心には、どんな音を乗せて言葉が届きますか?
好きな音楽はどんな音楽ですか?
好きなことで自分のまわりを溢れさせよう。

自分に向かって「愛しています」

1日のはじめに、「今日のわたしを愛しています」と言います。

朝、顔を洗ったときに、

「今日のわたしを愛しています」

と鏡に映った自分に向かって笑顔で言うのです。

誰が見ているわけでもないから、できそうですよね。

鏡を見るたびに、このおそうじ言葉を言う習慣にしてください。

「今日のわたしを愛しています」

日頃、使うことのない「愛しています」という言葉を使うこと、これをあなたの日々の生活習慣にすることは、あなた自身に大きな影響を与えることになります。

「愛しています」の言葉を言うことを日々繰り返し、「愛」を心に刻み、積み重ね、溢れさせることは心がときめき、ワクワクしてきます。

そして、

「おはよう！　今日のわたしも素敵」

「今日のわたしも素晴らしい」

鏡の中の自分に語りかけます。

「素敵」「素晴らしい」という単語だけでも、効果は絶大なので、朝からどんどん鏡の前の自分に言ってあげましょう。

変わるためにはほんの少しだけ行動することが必要です。

まず、「今日のわたしを愛しています」を3日続けてください。

それじゃ三日坊主では？　と否定せず、「3日もやったわたしは素晴らしい」と、自分で自分をほめて肯定してあげます。

3日続けるのって、案外なかなかできないこと。1日目にやってみて、2日目はもう半分やる気を失っていて、3日目はフェードアウト……そうなりがちなので、3日続けられたら素晴らしいことなのです。

ですから遠慮なく、「がんばってるね」「魅力的になっているね」と自分をほめてください。

変化してる自分を目を閉じて胸に手を当てて味わってください。

「あなたは、とーーっても素敵」だと。

まず3日。朝にときめく言葉、
あなたが輝き出す言葉を心に届けよう

早朝の言葉を、あなたが輝きだす喜びの言葉にする

はじめに私が言った「今日のわたしを愛しています」。顔を洗うときに鏡を見て自分に向かって、語りかけることが、どれだけ心に影響するのか。やってみましたか。

そして、「可愛い」「美人」「イケメン」「イケてる」「できる」「大丈夫」「素敵」などの自分が好きな単語で、公式を作ってみてください。

例えば、
「可愛い」×「イケてる」＝自分
「イケメン」×「できる」＝自分

この公式を自分で作り、躊躇《ちゅうちょ》することなく自分を「ほめまくる」※のです（※は、日本メンタルヘルス協会の講座で学んだメソッドです）。

これを公式で言えば「**ほめまくる×無限大**」。

ほめているとそれが当たり前になってきて、本当だと脳が錯覚します。「嘘から出たまこと」ということわざがあるくらい、自分の放つ言葉には強い魂が宿っています。ほめまくっているうちに、そう言っている自分が当たり前になってくるんです。

「キラキラで素敵」な私にどんどんなっていきます。すごーく素敵な私になっていき、生活習慣も「所作」も変わってくることを実感するでしょう。

もっと自分の心にときめく言葉があるのならば、自分にしっくりいく「朝のときめく言葉」を決めて言うのもいいでしょう。

あなたが輝き出す言葉、光を飾る言葉（たとえば、「朝陽を浴びてエネルギーがチャージされていくのを感じる」とか）、色を楽しむ言葉（たとえば、「庭に咲いている黄色いタンポポに癒されている」とか）を。


早朝の言葉。

朝陽を浴びたあなたが放つ言葉は、あなたに色を与えます。

夜の暗闇に東の空から光が差し込みはじめ、徐々に紫、茜色…と空に色が与えられるように。あなたは言葉で自分に色づけます。

ねぼけ眼のあなたが窓を開けると風が朝のにおいと、鳥のさえずりを運んできます。水色、緑色、透明な色、言葉に表現するにはもったいないくらいの色と香りをひらりと風が運んでくる朝に、あなたは自然と喜びの言葉を放ちます。

それは、どんな言葉ですか？　イメージを広げて想像してみてください。

息子のゴルフのコーチ（淵脇常弘プロ）がこういう言葉を言ったことがあります。

「頭で考えるな。心で動け」

心で動き始めると、行動が変わって、人生が変化してきます。

ですからまずは、一日のスタートの朝の言葉を変える。ここがファーストステップです。


小さなことを大切にすることが、「自分の人生を大切にすること」につながっています。

そして、日々の小さな積み重ねが自分を作り、大きな人生の差になっていきます。


「可愛い」×「イケてる」＝自分。

そして、「ほめまくる×無限大」

ただ、「しあわせ」と言う

なんだか気分が乗らないとき、ありませんか。

ネガティブな言葉をポロッとつぶやいてしまうとき。

そんなときは、ただ、ひたすらに「しあわせ」と言いましょう。

ネガティブな言葉を言ってしまったら、その言葉を打ち消す感覚で、いつでもどこでも、心の中でも「しあわせ」と言うことです。小さな声でつぶやくのも有効です。

もしくは、「しあわせになる言葉」を言い続けます。これは、じつは美味しい言葉です。

たとえば、「爽やかな風味の言葉」。

「あなたといると、時間を忘れるくらいに楽しい」

「また美しい景色を見に行こう」

「話したくなる感覚です」

「今を味わい尽くした先に、また新しい素敵な未来がある」

「その言葉、心に染みる」

「すごいよね。よかったね」

「君を信じているよ」

「どんな言葉で癒されますか」

「心に響いてる」

「心と心をつなごう」


やみつきになるくらいの、まるで夏のレモンのように爽やかな言葉です。

あなた自身も爽やかだなぁと思いながら、「爽やかな風味の言葉」を使うことを楽しむのです。時に、しぼりたてのジュースのようなフレッシュさがあるので、自分とも人ともバランスも上手にとれることが素晴らしい言葉です。

「調味料のようにスパイスをかけた言葉」もしあわせになる言葉です。

ちょっぴり物足りないときに、アクセントになる胡椒や山椒のような言葉。

「スイーツのような甘〜い、ふわふわ優しい気持ちになる言葉」も素敵です。

しあわせをいっぱい味わっている場所、ありますよね。

例えば、友達の結婚式。とても神聖な場所で、しあわせ天使たちがしあわせをつなぐ使命を持って舞い降りて来ます。そこにある空気はしあわせが漂っているので、いるだけでしあわせの空気を吸うことになります。さらに、たくさんの天使たちが「しあわせシャワー」を降り注ぎます。

おめでとう・嬉しいね・楽しいね・きれいだね・美しい……。

そこには美味しい言葉たちがいっぱい溢れています。しあわせで溢れた素敵な言葉がこだまします。

甘い愛の溢れている場所で甘い愛の言葉を届けましょう。そして、自分自身も存分に味わいます。

上質な調味料の言葉や、しあわせ言葉を楽しむことは気分が乗らないときの必須アイテムです。

その美味しい言葉を届けながら、あなたは美味しい言葉を味わっています。

それが、しあわせ感度を高めるということになります。

美味しい言葉を届けて
美味しい言葉を味わう

人にも自分にも「ありがとう」

ただ言うだけでいい「ありがとう」。

「ありがとう」を声に出して言うこと。

心で思うより、言葉に出したほうがだんぜん効果があります。

たとえ心で思っていなくても効果があるから、声に出して言ってみてください。つぶやくだけでもＯＫ。

言葉ひとつで人の心は華やかになり、しあわせの感度が高まります。

「ありがとう」の言葉を何度も繰り返し言っていると、自分の心の中にも「ありがとう」がたまっていく。

たくさんの「ありがとう」を持っている人のところに、人が集まってくる。

それは「ありがとう」の言葉の魅力でその人がキラキラしているから。だから、人と人をつなぐ懸け橋にもなるのです。

笑顔で「ありがとう」をたくさん使うと素敵なことがたくさんやってきます。心が満たされてくると、もっともっと「ありがとう」と言いたくなる。

いろいろな形の「ありがとう」を心の中にぎゅーと詰め込んで、お守りのように「ありがとう」があなたの心にいつも存在していますように。

「ありがとう」がたくさんの空の下で交わされますように。そうしたら、きっと世界中の人がしあわせを感じられるはずだから。

そう思うと嬉しくてしあわせな気持ちになって不思議と力が湧いてきます。

「ありがとう」を言っていると、いろいろなサプライズや奇跡の連続が起こります。感激感動するような。そのサプライズと奇跡に「ありがとう」。

「ありがとう」は、時に、人の悪口、不平、不満、愚痴、泣き言を消し去り、流してくれる雨のようでもあります。そんな恵みの雨にも「ありがとう」。

惜しみなく与えたい心は「ありがとう」という素敵な形になって返ってくる。

「ありがとう」を何回言えば、気持ちが伝わるのでしょう。

100回1000回1万回……**何回言っても温かい心になる「ありがとう」**。

言えば言うほど、しあわせが循環する。それは最高に素晴らしいことです。

あ　愛が伝わる「ありがとう」
り　理屈なしにしあわせを味わえる「ありがとう」
が　我　我が一番自分の言った「ありがとう」を聴いている
と　永遠につながる「ありがとう」
う　生まれてきてよかった「ありがとう」

あなたの「ありがとう」の心がたくさんの人の心に届きますように

「ありがとう」の心は世界中をしあわせにする

「運がいい」「ラッキー！」「ついてる」とすべてを肯定する

あなたは運がいいほうですか？　私は今は、いつでも「運がいい」と思えるようになりました。

誰にでも「ついてないなぁ」と思うこと、ありますよね？　それでも「なんて運がいいんだろう」「ついてるなー」「ラッキー！」などと言ってみてください。

リズムがいいのは、「ついてる」。

斉藤一人さんの本でも有名になった言葉ですが、この言葉を何度も言っていると、なんだか体が軽くなって飛び跳ねたくなりませんか。自然とニコニコ笑顔になれます。

私は出かけるとき、リズムに乗りながら、「ついてる、ついてる、ついてる」と駅に着くまで、つぶやいてついてる気分を高めることがあります。１００回なんてアッという間です。

変な人に見られてしまうからやれない？

「ついてる」人になりたければ、人目なんて気にせずに、

「ラッキー、ラッキー、ラッキー」「運がいい、運がいい」

と、つぶやいてみてください。

良いことが起こったときには「ついてる」と自然に言葉にできるものの、自分に不利な出来事が起こると「ついてない」と言葉にしてしまう。


自分にとっていいことばかりが起こる世の中なんてありません。ならば、何か出来事が起こっても、すべて自分にとって「運がいい」「ついてる」「ラッキー！」そんな現状を肯定する言葉にすること。

何か嫌なことが起こったときほど、試しに言ってみてください。
YouTube 講演家の鴨頭嘉人《かもがしらよしひと》さんが何があっても何が起きても「いいね！」と言いますが、そういう感じです。

今まで、ついつい「ついてない」と言葉にしてしまう出来事ほど「ついてる」と言ってみる。ついてないことが、打ち消されるくらい「ついてる、ついてる、

ついてる」と言い続けてみる。

「運がないな～」とつぶやいてしまいそうになるときほど、「なんて、運がいいんだろう」と言ってみる。

宝くじに当たって

「運がいいな～」と思っていたところに、それを知った友人が「おごってくれ」、とたかってくる。「ついてない……」とがっかりしますか？

いえ、それはやっぱい「運がいい」んですよ。

だって、お金で近寄ってくる人だということがわかったから。

だから、「運がいい」。

電車に乗り遅れても、「ラッキー！」。

仕事をお休みにして、電車の事故にあわずに済んだから「ラッキー！」。友達に意地悪されたけど、優しくしてくれる友達の大切さを知ることができてやっぱり「ラッキー」。

つらいことがあったときも、今のしあわせを味わうために、あのつらいことがあったと思えたなら「ついてる」。
どんなことにしても、最後は結局、「運がいい」し「ラッキー」なんです。

「ついてる」と言い続けた人だけが「ついてる」を実感することになる

ゆるせないこと、ゆるせない自分も「ゆるします」

「ゆるす」ということができたら、もっと人生が広がっていく――。

なのに……「ゆるせない」。

心に根深く巣食ってしまう、じつはちょっと厄介な、散らかし言葉です。

小さな許せないことから、大きな許せないことまで、その許せないことにこだわって生きていると苦しくなる。

「許せない」は、ジワジワと怒りや憎しみに姿を変えて、心の奥底に居座ってしまうから。ずっと抱えていることになりがちです。

いつまで、それを抱えているの？　そんな気持ちを抱えていても、しあわせを感じることはできないのに。

あなたが許せない相手は、許せないと思われていることも知らずに、日々、何も変わらずに生活しているかもしれないのに。

意地悪されたこと
悪口を言われたこと
ひどい別れ方をされたこと
暴力をふるわれたこと
無視されたこと
疎外されたこと
差別されたこと
浮気をされたこと

その許せない気持ちを抱えたまま、この先ずっと生きていきたいですか。

人を許すことなく憎しみ続けている、そんな自分のことが好きですか？

自分を好きになれずにいると、いつまでも、大きなしあわせを味わうこともできません。

夫に浮気をされて許せない女性がいました。
「一生、許せない」と言っていたので、
「ずっと許せない気持ちのまま、生きていきますか？」と問いかけました。
彼女は、許せないことを生きるパワー、原動力にしているようでした。
「許せない」今は、複雑な感情があるとしても、それをエネルギーにして戦う。
そうやって生きているようでした。

しばらく日にちを置いて同じことを聞いてみると、
「今の心が未来につながっているならば、この心を何とかしなければ」「前を向いて進んでいきたい」……ただ、今はできないだけ、だと言います。

そして、またしばらく時間を置いて聞くと、「子どもを授けてくれたこと。それだけは感謝できる」と。

これは、神様の時間薬※。許せない気持ちも少しずつ変化していく。

時間が心をゆっくりと溶かしていくのです。

必要な時間を神様が与えてくれているから、それにちょっとだけ自分の勇気を加えてみて。前を向いて、笑顔で生きていく勇気を。

「許せない」気持ちを心の奥底に居座らせないでください。人は皆、しあわせになるために生まれてきたのだから。

そのためにも、**心で思っていなくても「ゆるす」と言葉にすること。**

それがムリなら、**「許せない」と思っている自分を「ゆるします」と言葉にすること。**

「ゆるします」と言ったところで、心から許していないと、またあとからジワジワとモヤモヤ、ザワザワした気持ちが湧き上がってくる。これは普通のこと。「許せない」ほどではないけど、変えられない過去にこだわって、時おりザワザワしてしまう……これも普通のこと。そんな自分を許します。

自分を許し、受け入れていく気持ちがあれば、自分のことを大切にできるし、もっと楽に生きられる。そして、人生の世界が広がっていくのです。

許せることも許せないことも、すべて起こることは必然。

出会う人も出会うべくして出会っているのです。

「寸分も遅からず、寸分も早からず」（哲学者、森信三さんの言葉）。

その現れた人や、起こった出来事に対して自分がどう行動するか。

神様はあなたが乗り越えられるか見ています。そして、必要な人、必要な時間、必要なものは必ず用意してくれていますから、どうか安心して人生を歩いていってください。

許せないような出来事も、神様が与えてくれた贈り物。

気づき、学び、成長できたとき、乗り越えたとき、自分の器がグンと大きくなったことを感じるはずです。


あなたはこれから「ゆるすこと」と、どう向き合いますか？

「ありがとう」と「ごめんね」は魔法の言葉

「ありがとう」は、何回でも使って間違いない素敵な言葉です。

では何かしてしまったときに、「ごめんね」と、すぐに言えるでしょうか。

意地やプライドが先にあるばかりに、本当は「ごめんね」を言えばいいのに、言えなくて、タイミングもはずしてしまう。

こちらだって頭に来ている。あの人の態度が許せない。それでも、一呼吸して、少し時間が経つと、「ごめんね」のひと言が言えたのなら、少し気持ちが楽になるのに、言えない気持ちが心をよぎります。

意地をはって言えない、負けたような気になるので口に出せない、プライドが邪魔をする、たったひと言の「ごめんね」。

これが言えたなら、心が楽になるし、もっと深くつながっていけるのに。

意地やプライドの積み重ねが、後戻りもできないくらいに、心が離れていく原因にもなってしまいます。

私は、「ありがとう」を言わないことよりも、「ごめんね」を言わない悲しさのほうが何百倍も切なく感じます。わだかまりもたまる一方です。

だから、どうか「ごめんね」はすぐに伝えてください。

ちょっぴりハードルがあっても言ってしまったほうが、後から「言ってよかった」と思うことが多いはず。つい、その場の雰囲気で怒ってしまった、思わず言い方がキツくなってしまった……そんなときこそ、なるべく早く。相手を傷つける以上に、自分の心にも残りますから。

大きなわだかまりになる前に、消し去りましょう。

そして、「ごめんね」と言えた自分を、「ありがとう」とねぎらってあげてください。

その相手とつながっていきたい、自分にとって大切な人ならば、「ごめんね」

は、関係がうまくいく強力な言葉です。上手に「ごめんね」を使えたら、互いの心がよりいっそうつながっていきます。

親子であっても、特に、夫婦、恋愛においてもすべてに言えることです。


「ありがとう」と「ごめんね」

素直に言える人は魅力的な人。さらっと言える人はカッコいい。

「ありがとう」と「ごめんね」はそんな不思議な言葉です。

「ごめんなさい」こそ、さらりと言う

「行ってらっしゃい」と「お帰りなさい」はお守り言葉です

朝、家族を送り出す言葉は「行ってらっしゃい」。

そして、帰ってきて迎える言葉は「お帰りなさい」。


「行ってらっしゃい」の言葉は、相手を守り、

「お帰りなさい」の言葉には、相手を「癒す」力があると私は思っています。

言葉に「守る」「癒す」力があることを知っていましたか。

お守りの言葉とも言えますね。

お守り言葉に相手を思いやる心を添えて、送り出し、そして、迎えると家族との絆、友達との友情、パートナーとの愛情、仕事の仲間との信頼が深まります。

言葉に心を添えて送り出し、そして、迎えてください。

挨拶の言葉は心と心をつなぐ役目をしてくれるのです。

私は毎朝、息子を送り出すとき、必ず、愛情と温もりの心を添えて送り出しています。これは自分で決めていることです。

「行ってらっしゃい、楽しんで」＋グータッチ。

帰ってきたら「お帰りなさい」。

元気な声と笑顔で迎えます。

たとえ試合に負けて帰ってきたときでも疲れているときでも、こちらは変わりなく、笑顔で声をかけます。優しく温かい心を込めた言葉は癒しの言葉に変わります。

はじめは照れていた息子も、最近は自分からグータッチをしてくるようになりました。心が嬉しくなる言葉や行動は、誰もが自然に求めるものなのです。

当たり前のことを当たり前にするとき、言葉に心を添えることで、送り出す言葉と迎える言葉はほっこりしあわせな心地よい気持ちにさせてくれます。

明日から「行ってらっしゃい」にもうひと声、加えてみませんか？　言葉を工夫するとしあわせ感度が高まります。

「行ってらっしゃい」×「楽しんで」
「行ってらっしゃい」×「素敵な一日を」
「行ってらっしゃい」×「有意義な一日を」

アクションはハグができれば最高ですね。夫婦、パートナーだったら、是非ともキスを。言葉とアクションをプレゼントしてください。

「行ってきます」と「ただいま」。深い愛情のある響きの言葉が返ってくることでしょう。

「いってらっしゃい」と「お帰りなさい」×アクションで愛情の交歓を

夜、寝る前にオススメのワーク

夜寝るときの言葉を意識したことはありますか？ **一日の最後には、自分へのいたわりとねぎらいを忘れないようにしましょう。**

ベッドに入るときには上がった体温が下がっていく感覚を感じながら、「今日もがんばりました。明日も素晴らしい一日です」と自分に伝えましょう。

3つの言葉を自分に問いかけます。

・今日、わたしは目の前の人を笑顔にすることができたか
・今日、わたしは、目の前の人に一期一会で出会えたか
・今日、わたしは、自分を愛し、感謝感動し、今日という日を味わうことができたか

今日に感謝し、「明日も素晴らしい一日になる」と決めるのです。

私は、自分にこう語りながら、眠りについています。

がんばった身体をねぎらうことを忘れずに感謝して眠るようにしましょう。

その次、朝起きたらまず、カーテンを開け、窓を開けて外の風の香りや鳥のさえずりを聴き、背伸びをしながら、日の光を全身に浴びましょう。

朝、太陽光を浴びることで脳から発生するセロトニンは、「しあわせホルモン」と呼ばれており、心の安定に欠かせない脳内物質です。

朝の光をたっぷり浴びた後は、鏡を見て……この後は、もうおわかりですよね？


規則正しい生活をして、「綺麗な言葉」を使うことは、心だけではなく、身体まで綺麗にしてくれます。

「美しく、可憐に、自分らしく」という言葉で、磨きをかける

40代になっても50代になっても60代になっても、いくつになっても自分の外見にもこだわりを持って、生活している女性がどのくらいいるでしょうか？

おしゃれをしなくなった
スカートをはかなくなった
化粧をしなくなった……

面倒くさいとか何かを理由にして、美しくなることをあきらめていませんか？

いくつになっても、シミやしわがあったとしても、それはすべてあなたの歴史です。誰になんと言われようと自分を愛しましょう。

特に閉経が近くなってくると、肌のハリ、つやもなくなってきます。

これに嘆いてばかりいると、自分磨きを怠ってしまいます。

何歳でも「美しく、可憐に、自分らしく」と言ってみましょう。

これも強い力を持った、おそうじ言葉です。

「どんな髪型をしても元がいいから、イケてるわたし」

「大好き」

「愛してる」

自分をほめまくってくださいね。


そして、朝と夜、手の平を自分の顔に当てて愛おしく撫《な》でるんです。

「顔を愛するように触る」（メイク教室「美塾」塾長の内田裕士先生直伝）、そして、「美しく、可憐に、自分らしく」と言葉にする。

自分の言いやすい言い方でＯＫ。

お化粧のノリも変わってきますし、鏡を見るのが楽しくなります。

とは言っても、このやり方を受け入れにくい人がいるかもしれませんね。鏡を見るのも嫌という方もいらっしゃるでしょう。でも、顔はイコールあなたの歴史。長い時間をかけて、あなたなりの生き方で今のあなたがあるのですから。

あなたのいちばん近くにいる人、その人に愛してもらいましょう。

それが誰かって？

もちろん、あなた自身です。いちばん近くにいる自分が自分を愛してあげましょう。あなた以上に、あなたを愛することができる人なんて、この世にはいないのですから。

精神科医、精神分析家であるカレン・ホーナイは「自分を愛せる程度しか人を愛せない」※という名言を残しています。誰かをしあわせにしたければ、まず自分をたっぷり愛して、しあわせにすること。

自分をたっぷりの愛で満ち溢れさせることができたなら、鏡を見ることも苦痛じゃなくなってきます。

おしゃれをして、キラキラするものを身につけましょう。美しい言葉や素敵な話、美しい立ち振る舞いを意識しましょう。あなた自身が花になれば、素敵なミツバチが寄ってきます。

立ち振る舞いの美しさや人間の魅力。そして重ねた経験が加われば、最強です。いくつになっても自分の人生に磨きをかけましょう。

10年後、あなた自身が人生を誇れる人であることを願います

「自分のルール」を言葉にする

言葉は不思議なもので自分を励ますことも、落ち込むように促すこともできます。**日々、何気なく選んでいる言葉が、どれだけ自分自身の潜在意識に大きな影響を及ぼしているか**考えていない人が多いことに驚きます。

あなたは「言葉の影響力」を知らないだけ。大切なポイントは、「自分で決めたルール」を言葉にすることです。

例えば、

「今からやりたいことだけに気持ちを向ける、集中する」
「今日は面白がって一日を過ごす」
「体を休める日」
「今日はこころと向き合う日」

ルールを決めて、声に出すのです。

スマホの待ち受け画面に「言葉を表示すること」もオススメします。

自分が決めたことなので、もちろん変更は自由。あなたの人生を豊かにする言葉であるならば、私は大いに変更もオススメします。


私は「やりたいことをやる、やりたくないことをやらない」をルールにしていた時期がありました。この言葉を発していくうちに、イエスとノーをはっきりと言えるようになりました。これは私にとって大きな前進でした。

言った通りの自分になったのです。つまり、言葉が私を変えたということ。


なりたい自分になる言葉を選んで、それを毎日、繰り返し発してみましょう。

言い続けて、変化を感じてください。

もし、なりたい自分の言葉がわからないときは、心にフックする言葉を気にしてみましょう。フックする言葉というのは、なんだか気になるな、ずっと引っかかっているな、というような言葉です。

自分の世界に閉じこもっていても、本当はまわりの人のことが気になって仕方ない……そんなこと、ありますよね。

友達が今日は何をしているんだろうとInstagramやTwitterを見てしまったり。自分から距離を置いたのに、気が付くと、ふと頭に浮かんできてしまうあのコトや言葉、そして、あの人。

それらの気になってるコトやモノ、言葉や人をスルーしないでください。自分もこんな風にキラキラしたいなって心のどこかで思っていませんか？

気になっているということは、心にフックしているということ。

美しい景色、楽しそうに語っている人たち、それらの気になることがあなたの中に眠っている才能だったりします。

特に、心にフックする言葉は大事にしてください。それが、あなたの未来を変えるきっかけになるかもしれませんから。

なりたい自分に、必ずなれる

三大散らかし言葉は言い換える

部屋をお掃除しないでいると、いつの間にかホコリはたまり、汚れてきます。

小さなホコリのうちは気がつきにくいのですが、汚れがたまるとこびりついて落としにくくなったり、大掃除が必要になります。

同じように、心の中も、意識しないで言葉を使っていると、散らかし言葉がたまっていきます。人は、不安、恐れをどうしても感じてしまうもの。いやな体験をしたり、哀しい出来事があったときなどは、そのときの映像が頭のなかに強く残って消しにくくなり、特に散らかし言葉が心の奥深くに入りこんでしまいます。

だから時折、お掃除が必要になります。大掃除は時間も手間もかかるので、なるべくこまめに小掃除しておきましょう。

特に三大散らかし言葉「困った」「忙しい」「疲れた」は、意識して言い換えてください。

・困った↓チャンス
・忙しい↓充実
・疲れた↓ガンバった

と言い換えます。

散らかし言葉は気づかないうちにたまっていってしまうから、掃除機をかけたり、拭き掃除をしたり、日々、心掛けて、心もおそうじ言葉でお掃除することが大切です。

心をお掃除するとは自分自身を新しくすること。言葉で自分革命です。


「言葉革命」「自分革命」

自分革命はしあわせの感度を高める一つの行動です

言葉を変えると人生が変わる

一語一語、言葉を大切にして使うこと。どんな表現でもいいから、自分らしく。これは、日々、心がける必須の条件です。

ここから始める、今日から始める、まずは3日、次に一週間やってみる、そんな「決断」が重要です。

もし、「言葉を大切に使っていないな」と気づいたときがあったら、それは、言葉に対する意識が変わってきた証拠です。そのまま、続けてください。

3日〜1週間、できたら、自分が「どんな言葉」を使っていたのか？　3つピックアップしてください。

まず自分がどんな言葉を使うクセがあるのかを意識するためなので、おそうじ言葉であっても散らかし言葉であってもどちらでもかまいません。

自分の言葉のクセを意識するためのメソッドです。

おそうじ言葉のクセばかりだったら素晴らしいです。そのまま続けてください。3つの中に散らかし言葉があったら、その言葉をおそうじ言葉に変えます。

私がはじめに大切にした言葉は「ありがとう」「しあわせ」「ついてる」の3つ。これらを話す言葉のお尻につけていました。たとえば、こんな感じです。

「今日、家族みんなでご飯を食べることができてしあわせです」
「今日、私と会う時間を作ってくれてありがとう」
「今日、なくしたと思っていたものが見つかって、ついてるわ」

言葉にすることがポイントです。

しあわせになる言葉を使うことに慣れてください。

「しあわせに慣れる決断※」をすることがしあわせになる条件です。難しいと思わず、言葉にして、自分で体感すること。これは「感覚」です。

言葉を何度も繰り返し、使っている言葉を意識し、こうして、がんばっている自分自身に向かって「いいね、いいね、魅力的になっているよ」と鏡の前でほめてくださいね。

しあわせになる第一歩は、しあわせに慣れること

Part 2

「散らかし言葉」を手放すと たちまちスッキリする

あなたは、自分に優しくしていますか？
体が疲れたときは、からだを休めて、
心が折れたときには、友に心を打ち明ける。
楽しいことをしたいときは愛する人と共に旅を味わう、
癒されたいときには、天や大地を求めて自然の中へ足を運ぶ。
あわただしい毎日から抜けだして、
自分にたっぷりの栄養とエネルギーをチャージする。
「生きることは、呼吸をすることではない。行動することだ」
（教育哲学者　ルソー）
ただじっとして、何かいいことが来ることを待つのではなく
自分から動いて、「行動すること」。
それが、自分に優しく、自分を大切にすることなのです。

ネガティブな言葉の裏にあるもの

「コイツ」（「困《コ》った」「忙《イ》しい」「疲《ツ》れた」）は私が言うところの、三大散らかし言葉ですが、ネガティブな言葉というのは、誰もがつい言ってしまいがちですよね。

ネガティブな言葉はネガティブな自分を作り、ネガティブな人生を引き寄せてしまいます。人生をとっちらかったものにしてしまうから、散らかし言葉というわけです。

「最悪」「ダメだ」「面倒くさい」「うざい」
「許せない」「お前のせいだ」
「でも」「だって」
「あんなこと、言われたくなかった」

「あいつとなんて出会いたくなかった」

「あの人となんて仕事したくない」

「なんで、こんなことできないんだ」


なぜ、その言葉を言ったのか？

「考える時間」が来たのです。

もし誰かの悪口を言っているとしたら、あなたの根底にあるのはどんな気持ちですか？

どこかでその人のことが羨ましいと思っていませんか。

悪口や不平、不満を言って誰かを引き下げることによって自分の心のバランスをとろうとしていないでしょうか。そんなことをしていても、本心ではいい気持ちにはなっていない。そんなの本当は気づいていますよね？

何日か自問自答を繰り返していくと、「なぜ私はいつもこの言葉を言うのだろうか」と考える余裕も出てきます。

そのときに、言葉の裏側をのぞいてください。

・優しい言葉をかけてほしかったんだな
・自分を優先にしてほしかったんだな
・もっと愛されたかったんだな
・ほめられたかったんだな
・友達と仲良くしたかったんだな

多くの「期待」があなたの心の中にあったことに気づきます。

自分の根底にあるネガティブな心と向き合って、それから「手放す」のです。いらないものを「手放す」と心がフワッとします。「どろどろ団子のワーク」というオススメの手放し方がありますので、後ほどお教えしますね。

生きていれば、いろいろなことが起こります。

人生は予想外の連続です。何か出来事が起こったとき、「困った」「忙しい」「疲れた」を繰り返し言っているとしたら、そんなときこそ、ネガティブな言葉の裏側にある自分の本音を知ることが「あなたが明日を素敵に変えていく」チャンスになります。

その言葉の裏側に、「もっとよくなりたい」「本当は素敵になりたい」という本当のあなたがいるはずだからです。

人は自分の言葉で、磨かれて素敵になっていきます

55の散らかし言葉リスト

※誰もが言いがちな、そして、心によどみをつくってしまう、
散らかし言葉の代表例を55挙げてみました。

散らかし言葉（ネガティブな言葉）は、自分を否定して自己肯定感が下がる。言われるとその言葉に振り回されて、自分のしあわせを感じられない。知らず知らずのうちに人の心を傷つけている言葉です。自分の心も傷つけます。

- ・できません
- ・わかりません
- ・知りません
- ・聞いてません
- ・やってません
- ・面倒くさい
- ・うざい
- ・嫌い
- ・ダメ（お前はダメ）
- ・許さない
- ・できない
- ・うるさい
- ・つまらない
- ・あなたにはわからない
- ・あなたには関係ない
- ・自信がない
- ・信じられない
- ・やる気が出ない
- ・勇気がない
- ・やっても意味がない
- ・時間がない
- ・お金がない
- ・興味ない
- ・時間を返して

・不幸
・もういいから
・結局、金でしょ
・大変だ～
・考えが浅い
・お前のせいで
・お前はたいしたことない
・お前は出来が悪い
・死ね／死んでる／死ねばいいのに
・下手ね
・ストレス
・裏切者
・どっちでもいい／どうでもいい／何でもいい
・私なんか…
・別に

・でも…
・だって…
・どうせ…
・～なくせに
・恩着せがましい
・口答えするな
・くだらない
・もう、歳だから
・うまくいくわけないじゃん
・失敗したらどうするの？
・あなたのために言ってるのよ
・無理だから
・バカじゃないの
・ちゃんとしてよ
・それって無駄だよね？
・ムカつく

ネガティブな感情の先にある、しあわせを味わう法則

「怒り」「恐れ」「不安」「疑い」「悲しみ」……消えてはまた湧き上がってくるのが、ネガティブな感情。

消さなくてはいけないと思えば思うほど、それにとらわれる。

あなたの「怒り」は誰に対しての怒りですか。
自分に対してですか。
あなたの「恐れ」はどこから湧き上がってくるのでしょうか。
あなたの「不安」は未来への不安ではないですか。
あなたの「疑い」は妄想しているだけではないですか。
あなたは、その「悲しみ」をいつまでも抱えていきたいですか。

このネガティブな感情は、人間として当たり前の感情です。「あるがまま」の感情として受け入れること。

思うようにいかないとすぐに怒る父。

その怒りを投げかけられる私は、いつしかその「怒り」を自分の悲しみに変換することがクセになっていました。

「どうして怒るんだろう」……このネガティブな感情をずっと抱えているのは、過去に生きているということ。

「どうしてだろう」から「どうしたら」に変えることがしあわせを味わう近道。そう思ってから、今を生きることにベクトルを向け「どうしたら」に言葉を変えることにしました。

父の「怒り」。あの怒りは本当に伝えたい感情ではありませんでした。心の奥に、もっともっと愛のある本音の感情が隠れていました。

あなただったらわかってくれると思った。

言った通りにやってくれると思った。

あなたのことが心配なんだよ。


一番最初に存在するのは「愛の感情」。私への「期待」だったのです。

父は過去の経験で思う通りにいかないことばかりで、「怒り」という形で伝えることがクセになっていたのかもしれません。

しかし、同じパターンで怒りの感情を表現していても、怒りをぶつける方も受け止める方も心地よいでしょうか。どちらも「心地よい気分」には決してなりません。


怒りのエネルギーを「生きていくチャンスのエネルギー」に変換していきましょう。

相手を大切だと思うからこそ、それが怒りの形になっていた「愛と期待」だったことが理解できたら、次の機会にはもっと、愛と期待をうまく表現しよう。

不安や恐れがあるからこそ、もっとしあわせに生きたいという強い気持ちも生まれてきます。不安や恐れを「**今を変える勇気**」にしましょう。変化を起こすタイミングです。

では、他にもネガティブな感情があるときはどうしたらいいのでしょうか。

【悲しみが湧いてきたとき】

悲しみは消すのではなく、その悲しみを「思いっきり味わうこと」。

何かを失って初めて、自分にとても大切なものだったと認識できます。

「しあわせ」と「悲しみ」は表裏一体です。

だからこそ、今、愛を惜しみなく注ぐことで、今あるしあわせを大切にしようと思えるのです。「今、ここにあるしあわせを心から大切にすること」。

【落ち込んで、無気力になってしまうとき】

エネルギー切れです。肉体的、精神的、魂的にも疲れています。

「休みなさいのサイン」です。失敗したとき、自分を責めてしまいます。そんな時こそ、自分で自分をいたわりましょう。ねぎらいの言葉を言ってあげてください。

「I love me」※

疲れてしまったときも、「I love me」「いつもがんばっているね」。

自分の体を自分でハグして、よしよしとさすりながら労いの言葉をかける※（90秒）。

うまくいかないときほど自分に、ねぎらいと愛を与えましょう

どろどろ団子のワークで、夜空にモヤモヤを手放す

散らかし言葉を手放す方法として、「どろどろ団子のワーク」がオススメです。これをやると、心がスッキリして、いい気分になります。

しかも、この方法はお金がかかりません。時間は1日1回。夜のたった1分程度でできます。

どろどろ団子のワークのいいところは、その日のうちに、自分の感情を振り返ることができること。毎日続けることで、自分自身の感情と向き合い、本当にありたい自分へと心が変化していきます。

「うざい」「頭にきた」「なんで私だけ」……怒り、悲しみ、苦しみ、恐れ、不安、不満、愚痴……などの言葉を使ってしまうとき、それは今のあなたの奥底にある「心の在り方」が表に出てくるのだと私は思います。

じつは、そのネガティブな言葉を表に出すことは、決して悪いことではないのですが、小さなうちに出してしまわないと大爆発を起こしてしまうことになります。

特に「怒り」を心にためている人は、ずーっとずーっとその怒りを心にしまっているので、あるとき、爆弾のように火花となって出るときがあります。

しかも、その爆発した火花は家族、パートナーや身近な人、仕事場の人の前であったりします。最もコミュニケーションをうまくとりたい人間関係で毒の言葉を吐き出すので、関係性がうまくいかなくなってしまうのです。

ですから、そのネガティブな言葉で埋まっている心をスッキリさせましょう。

言葉に出して、心の中の「モヤモヤ言葉、ザワザワ言葉」を吐き出しましょう。吐き出すとき、〝どろどろ団子のボール〟を作って夜空に手放すのです。

【どろどろ団子のワーク】

体の前でネガティブな言葉の団子ボールを丸めるように作ります。

そして、「ネガティブ言葉、さようなら、ありがとう」と、窓を開けて、その言葉のどろどろ団子ボールを夜空に手放します。

深い呼吸と共に手放しましょう。

息をゆっくりと吸って、吐き出すときは、吸うときの倍の時間を使って、吐き出しましょう。できなければ、普通の呼吸でOKです。

1日に1回で充分ですが、何度でも自分がスッキリするまでやってもかまいません。自分の気持ち第一で！

いらないものを手放すことで、心がフワッとしてきます。

「スッキリな心を目指す」ベクトルをスッキリな心に向ける

「ハッピーエンドのシンデレラ」になろう

「いいよね、○○さんは。私なんか××だもん」（イツモスネ子さん）

「え〜、そんなの全然たいしたことないよ。私なんか▲▲だよ」（ネタ野トリ子さん）

「だけど、あの子ってヤダよね〜」（ヒト尾ネタ美さん）

「でも…」「だって…」「どうせ…」「だけど…」「だったら…」が口グセの人は、悲劇のヒロイン症候群です。不しあわせをアピールして、心配してほしい、かまってほしい、同情してほしいのです。

しかし、悲劇のヒロインは、いつまでたっても悲劇で不幸のままです。

あなたは、悲劇のヒロインさんと仲良くしたいですか。

どんなに見た目が美しい人であっても近づきたくないですよね。

悲劇のヒロインさんの心の奥底は、

「そんなことないよ」

「あなたにもできるよ」

「あなたなら大丈夫」

励ましの言葉を期待しているのです。

もし、あなたが、悲劇のヒロインさんなら、今日から誰が聞いても爽やかになる言葉を選んで話しましょう。


どうせヒロインになるのなら、素敵なストーリーのヒロインになって、たまにはドラマチックな言葉で、目の前の人をときめかせてみるのもいいですね。

「あなたの生き方が好き」

「ありがとうを何回言えば、この気持ちが伝わるのかな」

「あなたの観ている景色のすべてを感じたい」

「時に満ち溢れている太陽の光のように温かくて、時に静かに見守る夜空の星のような優しい存在でありたい」

……など、本当に**ドラマに出てくるようなセリフを言うように**。

あなたの人生の主人公はあなたです。自分の人生のストーリーをいつもワクワクしているドラマチックな毎日にしてしまいましょう。

あなたはいつのまにか「ハッピーエンドのシンデレラ」です

「争わない」ことを学びましょう

人間関係は、スポーツの勝負とは違います。

勝つか負けるかという次元で物事をとらえてしまう。

それは、劣等感のあらわれです。

「売られたけんか」をいつも買って、それに勝つことばかりに執着している人がいます。

たとえ、その人に勝っても次から次へとまた、相手（敵）が現れてきますから、勝たなければならないサイクルにはまってしまいます。

これは、人のリズムで流されていることなので、いつしか自分のリズムではなくなって人に勝つことが自分の価値になってしまいます。

それって、本当の「勝ち」なのでしょうか。

人の評価に左右される人生になってしまう。

それにも気づかないで生活している人が多いと感じます。

それより自分の時間をもっと大切にして、自由に生きていたほうが、いいと思うのです。言葉の言い争いに自分の労力と時間を使うのは、とてももったいないことだから。


誰かの言った言葉に、難癖をつけたり、何か文句を言ったり、言い返してやろうとしたり、傷つけてやろうと思ったり……、人を下に落とそうとする振る舞いは、心の貧しい人です。決して豊かな人ではありません。

老子は不争の徳を説いていて、

「ほんとうに立派な人は威張らない。

ほんとうに戦上手の者は気負わない。

ほんとうに敵に勝つ者は、まともにぶつからない。」

という格言があります。

人として輝き、自分の人生を生きていきたいと思うのならば、言葉で「争わない」こと。そういう人に遭遇《そうぐう》したら、こういう考え方の人もいると否定はせずに客観的に見ること。

何かトラブルが起こって、イラッとして大声で怒鳴ったりすると、適切な判断ができなくなります。感情のままに言葉を吐くことで、良い結果になることはありません。

「争わない」生き方は人に左右されない自分の生き方で生きていける。
怒りがわいてきたとき、６秒数えて、深呼吸。
口調がきつくなってしまっても、あとで素直に「ごめんなさい」。

争うことより「笑顔」を

自分を苦しめていた言葉と向き合う

「経験値がない」

「お前は誰ともやっていけない」

「ダメダメ」

など、親や先生や上司などに言われて、心が折れてしまったことはありませんか？

でも、もしかしたら言った人の心の裏側には、

「もっと良くなってほしい」

「お前ならもっとうまくできるはず」

「私の立場にもなってほしい」

「私のことをもっと考えてほしい」

……そんな気持ちがあったかもしれません。

それでも言われたほうからすると、その言葉が「自分を苦しめる言葉」になってしまうことは、誰にでもよくあることでしょう。

その言葉を思い出すと、フラッシュバックのように「そのときのつらかった心」に戻ってしまうのです。同じような言葉を言われたときや、また、その人に会ったときに、思い出したくないその言葉が頭をよぎるのです。

そこには暗闇があります。

しかし、思い返したときこそ、目を背けずに、勇気を出してその暗闇に行ってみます。

その言葉の何が自分を苦しめていたのか？

言った人はどんな期待があったのか？

私はどうしてほしかったのか？

すると、自分自身の言葉のとらえ方や言った人の言葉の裏側の気持ち……その心の奥にある気持ちが見えてきます。

・子どもの頃に癒されなかった心を怒りの言葉にして吐き出してしまう人
・子どもの頃に愛されたかったという心を悲しみとして表出させてしまう人
・言葉では表現できないから愛想笑いをしてしまう人
・言葉に出さずに顔で表現する人
・無表情の人

いろんな表現の仕方があります。

いろいろな人がいて、いろいろな言葉（口に出していなくても顔で言っている人も……）があります。その心の奥を見るようにしてみましょう。あなたへの期待かもしれないし、その人もまた悲しみや苦しみを抱えているのかもしれません。

他人の心の奥が見えてくると、自分の意外な本心が見えてくることがあります。例えば、自分が美しい言葉を使うことの素晴らしさはわかっているのだけれどもカッコつけているみたいで、今まで使えなかった……それが、どんな心のハードルになっていたか、などの気持ちも見えてきたりするのです。

あなたは、どんな言葉と向き合いますか？

「言葉を大切に使うこと」は丁寧に生きること。

散らかし言葉を言われたときは、神様からのお試しどきかも

神様は時々、心に「一滴の切なさ」を入れます。

私は、たくさんの人の「一滴の切なさ」を聴きました（もちろん、私にも「一滴の切なさ」が、心にポタッと落ちるときがあります）。

「お前は橋の下で拾ってきた子」

「恩着せがましくねちねち言うな」

「おとなしいくせに口答えするな」

「全部おまえのせいだ」

「なんでおれが謝らなきゃいけないんだ」

「なんでこんなことができないの」

「何回言ったらわかるんだ」

とっても心が切なくなる、散らかし言葉です。

言った人はどんな気持ちで言っているのだろう？

傷つけようとして言っているの？

そのとき、たまたま、心が不安定だったの？

あなたを傷つけるなんて思いもしないで言ってしまった言葉かもしれないし、単に受け取り方の問題なのかもしれません。

本当のところは、言った人に聞いてみないとわからないけれど、わかっているのは、その言葉で「傷ついてしまった」という事実です。


ある人は、学校の先生から言われた言葉「おまえが一番下手」という言葉に今でも時折、「こころがチクチクする」と言っていました。それくらい、**散らかし言葉には毒があって、心の奥底に残るのです**。

日々の生活のなかで、怒り、悲しみ、つらさ、理不尽なことは必ず起きます。

それを感情のままに吐き出す人もいるし、反対に、思いをこころの底にしまい込んで、ずーっと抱えたまま生きている人もいるかもしれません。

「一滴の切なさ」を心にポタッと落とされたときは、私たちが神様から試されているとき。起こった出来事とよりいっそう向き合うためのチャンス。

神様はしあわせをそのままの形では与えてくれなくて、しあわせになるための「チャンス」をたくさんくれるんです。

「切なさ色」にどんよりと心が染められて切なくなる瞬間、それでもあなたが「しあわせ」を感じられるように。もっと「しあわせ」を味わえるように心の器を大きくするための「一滴の切なさ」。

そのチャンスをどう生かすか、試されています。

「傷ついた」「傷つけられた」と言って、被害者で終わりにしないこと。

そこから先、あなたがどうやって乗り越えていくか、どんな心を持つのか？

そこから何を学ぶかが大切なのです。

神様からの一滴の切なさ＝神様からの試されごと

先に欲しい言葉をプレゼントする

「本当は素直になりたい」

心のなかではそう思っているのに、ついつい心とは裏腹の言葉を口にしてしまうときがありますよね。

「手伝ってほしい」のに「手伝えるわけないよね」とか、「会いたいな」と思っているのに「でもヒマじゃないだろうし」とか、「優しくしてほしい」のに「どうせ優しくしてくれないし」とか言ってしまったり……。

素直な気持ちをさらっと言えたなら気持ちよくなって心が爽やかになります。爽やかなエネルギーの言葉は心をさらさらにします。

「でも」とか「どうせ」などの、ウラハラ言葉はおへそが曲がったエネルギーを持っています。このエネルギーを持った言葉を使っていると、どんどん心も曲がってしまいます。

素直な気持ちになるために先に欲しいことをプレゼントしてみましょう。

1. 助けてほしいときはあなたが目の前に現れた誰かを助けます。そっと手を差しのべて。助ける言葉を言うこと。「何か私にできることはあるかな」
2. 仲良くしたいなら、自分から「仲良くしよう」と言う。
3. 優しくしてほしいなら、優しい言葉をかけよう。「大丈夫だよ」。
4. 手伝ってほしいなら自分から手伝うことを先にプレゼント。

笑顔を添えて。自分のやっていることに心を込めて。

プレゼントを繰り返しているうちにあなたは「素直な気持ちになっている」はずです。そして、欲しい言葉やアクションは、あなたが言葉をプレゼントした後、忘れた頃にやってきます。

もらおうとするよりも、プレゼントする喜びを感じてください

心を充電する「あなたの花が咲く」レッスン

人生、上がったり下がったり、前に進んだと思ったら、立ち止まったり。時間だけがいたずらに過ぎていって、まるで自分だけが取り残されたかのように感じるときがあります。人から疎外されたり、親から愛されていないと思ってしまったり（それはおうおうにして思い込みのことが多いようですが）、恋人にフラられて、もうこの世の終わりだと考えてしまったり。


八方ふさがりで行き詰まってしまったとき、そんなときは、

「心を充電するとき」

「自分の心を温めてゆっくり癒す時間」

と言葉にする。目を閉じて胸に手を当てて自分自身に語りかけます。

自然の世界でも春・夏・秋・冬とそれぞれの季節に必要な時間があるように、秋と冬の時間に枯れた植物たちも、土の中で生きていて、次に咲く花の準備をしているのです。

だから私たち人間もうまくいかないときは、「ただ、ただ、しっかりと地に足をついて根を伸ばす」のです。

大地の下へ下へと根を伸ばす（実際には根は生えてないから、イメージです）。

それは、じっとしていることではなく「できることをやって過ごすこと」。

・「ちょっとだけ早起き」1分だけでも。
・「朝シャンをしたり、シャワーを浴びる」気持ちいいよ。
・「部屋の片づけ」心と部屋は一体。例えば、テーブルの上だけでもＯＫ。ハードルを低くして3分くらいでできるお掃除をしましょう。
・「洗い物」動く瞑想。「本を読む」静的瞑想。
・「散歩をする」外に出るだけでスッキリ。
・「自然とふれあう」風のにおい、川のせせらぎ、波の音、鳥のなき声を感じる。

・「お花を飾る」美しいものを目から感じる。
・「大好きな音楽を聴く」耳から癒される。
・「美味しいものを食べる」おなかを満たすと心も満たされる。
・「笑顔で過ごす」笑っていると楽しいことがやってくる。
・「素敵な言葉を言う」これぞおそうじ言葉。自分が好きな言葉を見つけて言ってみるのも効果大です。

できそうなことからやってみてください。

特に自然と触れ合うこととセットにすることはオススメです。
自然の音（それも、20000Hz以上の超高周波の自然の音）は、実は多くの人が無意識で本能脳と呼ばれる部位で感じ、癒し効果を出しています。本能の深いところで感じているので、言葉を受け容れにくい人には特にオススメです。

普段、私たちが聞く音（20－20000Hzの周波数）は、意識的に耳から聞き、側頭葉で認識されます。

自然と触れ合うこと。風のにおい、川のせせらぎ、波の音などは1/fゆらぎという特性を持っていて、脳波をα波にし、人の心を癒します。脳波がα波のときは本来人間が持っている、自分で回復する力を呼びおこします。

心が疲れているときは自分の心にたっぷりの栄養をあげましょう。

時が来るのを待ってみましょう。

寒い冬は下へ下へと根を伸ばそう。しっかりと地に根を伸ばした木はやがて必ず大きなきれいなあなたの花を咲かせます。

そして、いつもどんな自分も好きでいてください。あなた以上にあなたを好きになれる人はいないのですから。

「自分の心を温めてゆっくり癒す時間」×「充電、充電」＝「あなたの花が咲く」

太陽のエネルギーをチャージする

全身でいっぱい太陽のエネルギーを浴びる。

どんなに眠いときでも、どんなに疲れているときでも、つらいとき、悲しいとき、そして許せないときでも、太陽に顔を向け、目を閉じて、深呼吸をすると、**エネルギーがからだのなかにチャージされていくのを感じます**。

太陽は、どんなときにも私たちを見守って、大きな力を無償で与えてくれます。

意識を太陽に向けて、あなたの心に芽ばえた希望に太陽の光を照らしましょう。

つらかったこと、悲しかったこと、苦しかったこと、許せなかったこと、ネガティブな感情は手放して、すべて乗り越えて、新しい自分のまっすぐなこころを受け取りましょう。

そして、太陽からエネルギーをもらったとき、感謝の言葉を言いましょう。

朝の太陽が昇るとき、夕陽が沈むとき、太陽のエネルギーを浴びるとき……。

「いつもどんなときも、ありがとうございます」

あなたが太陽に感謝の言葉を届けると、太陽のエネルギーはあなたの全身に降り注ぎます。

太陽に感謝するタイミングで、あなたの心の中の不要なものは手放して、あなたの住んでいる家もおそうじしてピッカピカにして、スッキリした気分になりましょう。必ず豊かなしあわせや希望の光となって私たちの命の源になります。


太陽に感謝することは、あなたの希望を叶える時間になる。

いやな気持ちを翌日に残さない自分ねぎらいワーク

「あーもうこんな人たちの中で働くのは嫌だ」

「早くこの人間関係から逃れたい」

そんな中で生活している人がいるかもしれません。

毒の言葉を吐くような人に囲まれて生きている人もいるでしょう。


いつ、どこで、どのように自分をねぎらっていますか？

いや～な気持ちを翌日に残さないようにするには……？


一人になれるトイレに行って切り替え時間をもったり、ちょっと外に出たり、窓を開けて新鮮な空気を入れたり……その場でできることでＯＫなので、やってみましょう。無理なら部屋を変えるだけでも心のスイッチが変わります。

そしてたとえ、今どんな状況にあったとしても、自分に起こった出来事を自分の課題としてとらえてみませんか？（ちょっと苦しいときもあるかもしれませんので、余力があるときでＯＫです）。

自分なりの答えに気づけたら、最善です。

思うようにいかなかったときも自分を許して、それでもそこまでがんばった自分を「がんばったね」とねぎらうことです。

そうして、ねぎらった後に自分の心に愛を注ぐのです。

「私はわたしの一番の味方※」と自分をギューと抱きしめましょう。

今、まわりがあなたを引き下げる言葉や毒の言葉を吐く人ばかりだったとしても、その泥だらけの言葉の中を生きてきた自分自身を俯瞰《ふかん》して見たときに、泥のついていない蓮の花のような自分を見ることができたのならば……それは、成長しているということです。

まわりの吐いた泥だらけの毒の言葉を「力」に変えて、泥の中で美しく咲いている蓮の花のような人になりましょう。気が付けば、あなたのまわりには、好きな人やキラキラした希望に満ち溢れた人ばかりになっているはずです。

あなたのために誰よりがんばっているのは、あなた自身だと気づきましょう

明日につながる「1日の振り返り」

あなたはその日、1日を振り返りますか？

振り返りは、「明日の力」になります。「悩みは人生の課題」と言いますが、人は、その課題を乗り越えようとして、考え、気づき、学び、成長しています。私は、振り返りを「成長タイム」と呼んでいます。

【振り返り方の例】

1．今日、1日で自分の成長を感じたのはどんなこと、言葉だったか？

2．今日、新しいことを見つけたか？

3．人として魅力的な言葉を使ったか？

一つでもできたのなら◎、意識できたら○。

夜、お風呂に入りながら、または寝る前に3分考えます（→1日を振り返る時間です）。

手帳に意識したこと、できたことを書いてもいいですね。

今までの習慣の中に「成長タイム」の時間を作りましょう。

「成長タイム」を深めたい人は月に一度の振り返りもオススメ。

わたしは、毎月1日（月初だと、新しい気持ちで始められること、新しい課題を見つけてスタートしやすいことが利点）に前月の「振り返りノート」をつけています。例えば、「できたこと」「これから挑戦したいこと」「自分のなかで響いた言葉」を書くなど。

「できたこと」だけでOKです。自分自身が気づいたことならなんでもいい。ひと言でも十分です。これが、「明日につながる言葉」になるからです。

大切な自分自身へ、明日につながる言葉を贈りましょう

話すことは、離すこと、手放すこと

あなたは自分の悩みを友達に話しますか？

心の中にある悩みを話すと少し心が軽くなります。感情を吐き出すこと。心の中にためないこと。とっても大事なことです。

心に存在するザワザワした気持ちも、話すことで手放せます。

どろどろ団子のワーク以外にも、紙に書いて破り捨てることもオススメです。

「はなすこと」は話すこと、離すこと、放すこと、たくさんの意味があるからです。

たとえば、愚痴、泣き言、人の悪口……、それを言って気持ちがよくなるならいくらでも言えばいいと思います。

それで自分がしあわせと思えるなら思う存分言い続けても……。ただ、それで、しあわせになった人を私は見たことがありませんが。

愚痴、泣き言を言っている人、他人の悪口を言っている人、本当に注意してください。

自分で体感することが一番わかりやすいかもしれません。悪口を言いながら鏡を見てください。顔まで暗くなり、ゆがんできます。

どろどろの言葉の中にいることに慣れてしまう前に気がついてほしいです。

沈殿して腐敗する前に放したり、自分の心から離したりして手放してください。

そして、今日の自分より明日の自分を好きになるために、一歩だけ進んで前向きな言葉が言えたら素敵です。

どろどろの言葉のぬかるみに足を取られないこと

できない、やらない、言い訳言葉にご用心

言葉を探していくと、心をお掃除する素晴らしい言葉の発見があります。

私が韓流ドラマ『師任堂《サイムダン》、色の日記』を観ていたときのことです。

サイムダンの家は貧しくて紙を買うお金もありません。

しかし、彼女の息子はそんなことにもめげず、一生懸命、医者になるために「学び」に没頭しています。

ある日、同じ学友にノート（韓国の紙）を持っていないことでいじめられます。そのときにサイムダンの息子が言った言葉が素晴らしい。これを逃してはならないと、私は思わず書き留めました。

「地に書こうが空《くう》に書こうがどこでも学べる。心次第」

からかった友に言い返したのです。

この言葉を聞いてどう思いますか？

もっと若かったら、もっとお金があったら、もっと綺麗だったら、素敵な人

に出逢えたら「もっともっと」や「こうだったらよかったのに」と「できないやらない言い訳言葉」をさがしていたらキリがない。

一年前の私はパソコンを立ち上げることさえできませんでした。

でも、本を書くためにはここを乗り越えないと始まらない。パソコンが使えなかった私は今、人の二倍も三倍もの時間を使ってこの文章を書いています。

「地に書こうが空に書こうがどこでも学べる。心次第」

素敵な言葉はあなたの気づきを導いて「いつでも変われるよ」という勇気を与えます。

「できないやらない言い訳言葉」は手離しましょう。

もうあなたは変わり始めています。

「気づき」×「行動」＝「あなたの答えと学び」

Part 3

誰かとつながる言葉

――言われたこと、伝えたい気持ち

認める、好きになる、嫌いになる、
一緒にいる、同じ空間にいる、
手をつなぐ、ハグする、キスをする、感情を味わう、
喜怒哀楽もすべての感情を人とのかかわりの中で体感する。
それが生きているという証し。
あなたがくれる言葉は私の宝物。
生きている間は宝探し。
生きることを愛し、世界を愛し、人を愛し、
あなたを愛し、自分を愛する。
人と心を通わせて「生きてる」を感じたい。

今、「アイシテル」の想いを伝えたい人は誰ですか

目を閉じたときに、真っ先に誰の顔がうかびますか？

ただその人を見ているだけでがんばれて、笑顔になれる。

一生懸命に生きている姿は、その人の光となって輝きだし、それを見ている人の心を感動させて、引き付けるのです。応援したくなるこころ。家族への愛、友達への愛、パートナーへの愛。

最愛の人へ、「アイシテル」を伝えていますか？　人生の時間は短すぎます。

「いつか」「そのうちに」ではなくて、今すぐに伝えましょう。

「アイシテル」という想いの言葉は、「アイシテルという言葉だけではない」ですから、違う言い方なら伝えやすいかもしれません。言葉のカタチは変化させて伝えても、愛のエネルギーさえあれば伝わります。

「あなたと出逢えて良かった」
「あなたはあなたで素晴らしい」
「君がいてよかった」
「あなたがずっと笑っていられますように」
「あなたの観ている景色を感じたい」
「ありのままのあなたが素敵」

「愛している」の気持ちを、「愛している」という言葉だけでなく、救う言葉、癒す言葉、人を輝かせる言葉に変えて、愛をこめて誰かに届けてください。

「言葉のカタチを変化させて伝えること」をしてみよう

心を通わせたいときは言葉を重ねること

「月がきれいですね」

英語教師をしていた頃の夏目漱石は、「アイラブユー」を「月がきれいですね」と訳したという逸話があります。

言葉を美しく使って、日本人らしい感性で心を表現したいものです。

人とつながりたいとき、人と仲良くなりたいとき、好きな人に振り向いてほしいとき、あなたはどんな言葉を使って、どんな心で、メッセージを伝えているでしょうか？

心を通わせるのに必要なことは「**言葉を重ねること**」です。

例えば、「今日は気持ちのよい天気ですね」と相手が言えば、

「本当に朝から気持ちのよい天気で風が心地よいですね」という感じです。
言葉を重ねて、**共感すること**です。
美しい景色を観て、
「あの桜吹雪は素敵ですね」と相手が言えば、
「あの桜の花びらが一気に風に舞っていく感じが素敵ですね」と返します。
桜吹雪が素敵ですねという言葉に、また、風に舞っていく感じが素敵ですね、
と言葉を重ねます。

言葉を重ねることで、より深い意思疎通が起こり、愛さえも感じることができるのです。美しい場所、居心地のよい場所で、美味しいものを好きな人、愛する人と楽しむとき、「綺麗ですね」「美味しいね」「楽しいね」と何気ない言葉を重ねることで、愛を感じ、心が優しさで満たされます。

言葉を重ねることは愛を交わし合うこと

「叱る言葉」に愛はありますか？

「子どもを叱る」ことは、親にとって課題の一つです。

感情のままに、間を空けることなく叱責すれば、子どもは心を閉ざすばかりなのに、親は言わずにはいられない……そんなときの親の状態は、じつは子どもに対してではなくて、仕事でうまくいかないことがあったり、旦那さんが子育てに協力していなかったことが原因だったりするものです。そのイライラを発散している親の感情を子どもは無防備に受けていることになります。

誰もが「叱る」ことに対して、心をうまくコントロールできずにいるのではないでしょうか。

あるとき、息子が、「ほめて、ほめて、ほめて」と言いました。

ほめられた方が、自分は「伸びる」「成長する」と言い切ります。

そう言われてから は、息子を尊敬する心で向き合うこと、ほめることを意識してみました。それからは、行動することに対して、ほとんど「叱る」ことはなくなりました。どうしても「これは違う」と思うことは、今は「提案」という言葉に変えるか、じっくり話をすることにしました。

大切なことは、その「叱る」言葉の中に、「愛」があったかということです。「愛」がそこにあるからこそ、叱られるほうも「叱る」言葉の中に意味を見出して受け取ることができるのです。そして、「この人の喜ぶ笑顔が見たい」から、もっと成長しようとするのです。

ただ、感情のままに言った言葉は全く心には届きません。自分の思いをぶつけるのではなく、相手の心の成長や自主性を尊重して言葉にすることが「叱り上手」なのです。

届く言葉を持っている人は、思いやる心「愛」ある人です。

子どもへのおそうじ言葉

～親のぬくもりは勇気に変わるから

ある人から、人生のダメ出しをされたことがあります。まだカウンセラーになる前で、自分の心が、その言葉をどう受け入れていいかもわからず、混乱しました。

そんなときに息子からもらった言葉です。

「傷ついた」で終わりにするのか。

そのことから自分がどうやって、乗り越え、成長していくのか。

そんな言葉を息子から言われました。

言われた瞬間、ダメ出しをされたことにこだわっている自分が小さく感じ、そして、息子が大きく立派に思えました。ダメ出しをされたことで、息子の成長に気づくことができて、感謝の気持ちが溢れてきました。出来事は捉え方なんだと。

子どもを一人の人として尊敬した瞬間から、一人の人間として成長していく姿を見ることの喜びとしあわせを感じることができます。

子どもを信じることです。

子どもの変化に気づいてほめることです。

親が間違ったら、ちゃんと子どもに謝ることです。

子どものやる気を失わせる三大ダメ言葉を知ってください（「急がせる言葉」、「こうしなさい」などの命令文、「こうしちゃダメ」などの否定命令）。そして、子どもへ感謝のおそうじ言葉を届けましょう。

「信じているよ」「すごいね」「できたね」「あなたなら大丈夫」「あなたの味方だよ」（愛されているから生きていける子どもを救う言葉）、「失敗していいんだよ」（手を出さない。失敗するチャンスを奪わない）。

子どもにとって親はモデルです。親を見て子どもは育ちます。**あなたのような子どもに育つのです**。あなたのような、です。

息子が幼稚園の頃に私が児童館で出会った「子どもの話に耳を傾けよう」（ウ

ェイトリーの詩）をご紹介します。

きょう、少し
あなたの子どもの言おうとしていることに耳を傾けよう。

きょう、聞いてあげよう、あなたがどんなに忙しくても。
さもないと、いつか子どもはあなたの話を聞こうとしなくなる。

子どもの悩みや、要求を聞いてあげよう。
どんな些細な勝利の話も、どんなにささやかな行いもほめてあげよう。
おしゃべりを我慢して聞き、いっしょに大笑いしてあげよう。
子どもに何があったのか、何を求めているのか見つけてあげよう。

そして言ってあげよう、愛していると。毎晩毎晩。
叱ったあとは必ず抱きしめてやり、

「大丈夫だ」と言ってやろう。

子どもの悪い点ばかりをあげつらっていると、
そうなってほしくないような人間になってしまう。
だが、同じ家族の一員なのが誇らしいと言ってやれば、
子どもは自分を成功者だと思って育つ。

きょう、少し
子どもが言おうとしていることに耳を傾けよう。
きょう、聞いてあげよう、どんなに忙しくても。
そうすれば、子どももあなたの話を聞きに戻ってくるだろう。
(デニス・ウェイトリー著　加藤 諦三訳『自分を最高に活かす』ダイヤモンド社)

親へ感謝のおそうじ言葉

～本当のしあわせを味わえるから

親へも、感謝のおそうじ言葉を伝えましょう。両親をねぎらう気持ちになれたら、本当のしあわせを味わえるから。

・「生んでくれてありがとう」
・「あなたの娘に生まれてよかった」
・「今あるのは、お父さんとお母さんのおかげだよ」
・「健康第一」
・「ゆっくりでいいよ」
・「1秒でも長く笑顔でいてね」
・「痛いよりも、一緒にいたいって言ってね」
・「長生きしてね」
・

・「残りの人生、楽しく過ごしてね」
・親が亡くなっている場合（感謝の言葉「ありがとう」。今までやってくれたことを思い出して「今あるのはお父さんとお母さんのおかげだよ」など、お墓の前で伝える）

いろんな事情で、親と関わっていない人もいるかもしれません。親との関係をどうしたいですか？　もちろん答えはあなたが決めていいんです。そんな人も、心の中で、産んでくれたことに「感謝」できれば、それだけでもいいのです。

「感謝」は優しい気持ちになれる。心がフワッと軽くなる。ザワザワしていた心が少し楽になる。「感謝」は、あなたが思っている以上にあなたを強くする言葉の魔法なのです。

あなたに命を与えてくれた親に感謝することは、素晴らしいことです

自然と心の扉を開く

「大切な仕事があります。だから海外に行きます。どう思う？」
「大切な仕事があります。でも、海外に行きます。どう思う？」

あなたは、どちらの問いかけに心を開きたくなりますか。
心の扉を開くには、大切なコツがあります。

それが、言葉と言葉をつなぐ蝶番《ちょうつがい》の言葉です。
この蝶番が錆びていたり、噛《か》み合っていないと、心の扉はなかなか開いていきません。

それだけ、心は繊細なものです。

「だけど」や「しかし」という言葉でつなぐよりも、「そして」「また」という言葉でつないだほうがずっと心が開きやすくなるんです。

相手の考えや思いを知りたいとき、このような言葉を投げかけて、相手が心を開いてくれたとき、（話し始めたとき）は、しっかりと話した言葉を心に受け入れてください。

あなたの話（心）を聴いていますよ。

この共感の言葉が大切です。

前置きの言葉（相手を共感すること）
問いかけ（相手のことが知りたいという、こころ）
蝶番の言葉（2つをつなぐ）

この三つがひとつとなり、はじめて相手の心が心地よく自然と開くようになるのです。

つまり、共感の言葉＋つなぐ言葉（順接）＋問いかけ＝自然と心の扉が開く。

そして、あいづちも、その言葉です。

「うん、うん」
「そうだよね」
「へえー」
「なるほど」
「そうだったのかあ」
「それは面白い」
「楽しそう」

こうして相手の言葉を傾聴します。聞いていると、相手に安心感を与えます。

言葉はキャッチボール。時に、沈黙もありますが、それもまた、とても大切な時間です。その沈黙の時間も思いを引き出す透明な言葉です。

相手が自分の思いや考えを話し出すことは心理学では「カタルシス効果」（心の浄化）と言います。相手の思いを引き出していると相手の心は浄化され、そして、あなたも相手とより心がつながることができるのです。

言葉のキャッチボールを大切な人とやってみてはいかがでしょうか。

こころで話す
沈黙も会話のひとつです

「ラブサイクル」で愛を循環させよう

「ラブサイクル」とは、まさしく愛の循環です。

ここで私が言う愛は、恋愛の愛だけに限らず、家族、友達、仕事で関わる人、恩師、もちろん、人生のパートナーに至るまでの「大きな愛」を循環する「ラブサイクル」です。

「心を通わせたいときは、言葉を重ねること」で、心の通わせ方を紹介しました。

ここでは、最も強力で愛がみなぎってくる最強の「ラブサイクル」を紹介します。

ラブサイクル1　愛は躊躇なく伝える

人間だけが唯一、気持ちを伝えることのできる、言葉というツール。

あなたが、すぐに思い浮かぶ愛の言葉は、「好きです」「愛しています」「大好き」という言葉だと思います。

「この人、素敵な人」から心がキュンとして「好き」に変わった瞬間、そして、その気持ちを伝える愛の告白は、相手の心に「キュン」と天使がハートの矢を放つ「愛の言葉」です。

愛の告白をするときは、躊躇《ちゅうちょ》することなく伝えてください。

「次こそ」「今度会ったとき」と思っていると、タイミングがいつやってくるかわかりません。

思ったときが言うときです。好きな人に「好き」という勇気。好きと言われて嫌な人はいません。愛の天使は矢を放つ準備をいつもしています。

でも、いつまでも行動しない、言葉を放たない人を見て、今、愛の矢を放つ瞬間ではないと思い、天使はハートの矢を放つ次の人を探しに行きます。

旬なタイミングで動くことです。

天使が愛の矢を放ちたくなるほどの「ラブサイクル」をあなたが循環させてください。「想った瞬間こそ告白タイム」です。

ラブサイクル2　ケンカのあとは自分から声をかける

ケンカや言い争いをしてしまった次の日の朝、「おはよう」のひと言で、少し気持ちが楽になったことはありませんか。

自分から声をかけると、ほんの少しだけ相手に寄り添えた感覚になれます。

自分から声をかけたら負けだから、私からは絶対に声をかけない。そんな風に思っているなら、「自分から声をかけたほうが素敵」だと思えばいい。

そもそも愛に勝ち負けなどないのですから。

愛は惜しみなく無条件で与えること。家族、友人、仕事関係、すべてにおいて言えることです。

あなたの人生において、「本当に大切なことや大切な人」なのかどうかを、今一度考えるときですね。

「愛に勝ち負けはない」

これだけは心にとめておいてほしいことです。

ラブサイクル3 相手を変えようとはしない

あなたはその人の過去・現在・未来、すべての生き方を愛していますか？

「愛を学ぶということは、今まで愛していなかったことを知る作業である」

私の師匠である衛藤信之先生は、こう言いました。

「人は、自分と関わる全ての人間関係で思い通りになる家族、パートナーを求めますが、人は思い通りにはならない生き物です。人は変えられません。

こうあったらいいのにという思いと違う方向に相手が行動したり、意外な言葉を放った瞬間に、それは違うのではないかと、もっと他の言葉があるはずなのに、と言葉をはね返してしまうことが多くあります。」

今まで、互いに別々の環境で生きてきたわけですから、考え方も捉え方も同じであるわけがありません。愛するがゆえに、相手の言葉に一喜一憂してしまうかもしれませんが、そんなとき、どんな心でいたらよいのでしょうか。

あなたが心からその相手を愛していく覚悟があるのなら、
相手に寄り添うこと。
相手のすべてを受け容れること。
相手のすべてを肯定すること。
あなたの愛で包むこと。
すぐに100パーセントやろうとしなくてもOK。少しずつ始めることです。
相手のすべてを「受け入れ、肯定し、愛すること」※です。

愛の赤い糸は、ひっぱりすぎるとキレてしまいます。

互いにとって居心地のよい距離を見つけるために、時に「ゆるめる」のです。

ゆるめるとは、「ゆるす」ということです。

どうしても相手を受け容れられないときも出てきます。

そんなときは、相手を受け容れられない自分を「受け容れる」と言葉にすることです。どうしてもできない人は、できない自分を許してください。

あなただけは、あなたのすべてを受け容れましょう。

ラブサイクル4 「私」ではなくて「私たち」で考える

本音で本気の愛を考える時間がやってきました。

主語はいつも「WE」で考えましょう。

二人の共有する時間がより二人の人生にとって素晴らしいものになりますように。互いの器が広がり、心豊かになり、美しいものに美しさを共に感じられる心が持てるように。

二人で共に高めあうためには、「どうすれば、うまくいくのか」と考えられたなら、互いの人生が輝いていくのです。

会えば会うほどに、人間味のある人
言葉をじっくりと何度も何度も聴いてくれる人
自然体でどこか自分と似ているところがある人
1/fの揺らぎを持った素敵な人……

あなたが「私たち」で話したり、一緒に何かしたいと思えるのはどんな人ですか？

理想の世界は「ゲシュタルトの祈り」（ドイツ系ユダヤ人の精神科医フレデリック・S・パールズの有名な詩）のように私は私、あなたはあなた。

人を愛するとそれがいかに難しいのかを知ります。頭ではわかっていても、心が受け入れることができなくて、涙を流したり、嫉妬してしまったりすることは多々あるでしょう。それでも相手を理解し、受け入れようとすることで、成長していくのです。

「人を愛するという経験」「愛する人と生きていくこと」を通して、喜んだり、悲しんだり、悩んだり、ドキドキやワクワクしたり、笑いあえたりする。そのしあわせな感情は、「誰かを愛することでしか得られない感情」です。

本気で生きて、爽やかな心で、愛を育んでください。

「分かり合えるチャンスがある」ならそれは素晴らしいこと

男と女の「言葉のものさし」を知っておこう

恋愛、夫婦の課題。私たちは、知らず知らずのうちにすれ違ってしまいます。

でも、それは、誰が悪いのでもなくて、単に「ものさし」が違うだけ。

自分のものさしを相手のものさしに変換できていないだけなんです。


人それぞれに、自分の考え＝ものさしがあって、夫や彼、妻や彼女が「自分のものさし」と違う言葉を言い出すと過剰に心が反応してしまう。


「自分のものさし」で判断すると、心が誤作動を起こします。

元々、男の人が考える世界や社会は、女性とは、まったくとは言わないけれど、違っている。当然、使っている言語も、違っていたりします。

男女の違いがすべてではないですが、男と女は別の生き物と思っていたほうがうまくいくことは多いものです。そのくらい異生物。

だから、彼の「ものさし」で彼なりの「愛情表現」を精一杯してきていても、彼女には受け取れていない、ということはよくあります。

「自分の思うような愛情表現じゃない」「この言葉は違う」「物足りない」＝「愛情がない」ではないんですね。それは勝手に自分のものさしで判断してしまっているだけ。お互いの言語とものさしを変換しないと理解できないことがたくさんあるのです。

男性も女性も互いの言語を理解したい、分かり合いたいならば、理解しようとしていかないといつまでたっても、伝わらないし、分かり合えない。

ほんの少しでも理解しようと思う気持ちがあれば、少し楽になります。

「ものさし」が違っても理解しあえたとき、自分の心も楽になって相手と分かり合えたという喜びになり、愛情としあわせをより味わえるのです。

相手が理解してくれないのではなくて、ものさしが違うだけ

こころは揺れる

いろんなことで「こころは揺れる」
ゆらゆら、ふらふら、ぐらぐら…
前に進んでいるから揺れるんだって
揺れることは普通のことだって
揺れる心を受け入れよう

誰かから、どこかから、光の言葉が届いたとき
たとえ、暗がりの中であっても
「本当になりたい自分」が照らし出される
眠っていた記憶を思い出すために、こころは揺れる
だから、安心して
ゆらゆら揺れながら、人生という道を歩いていこう

「声にならない心の言葉」に耳を傾ける

「家族でも言いたくないこと、踏み込んじゃいけないことってあるのでしょうか」

「知りたくて聞いただけだったし、サクッと答えてくれると期待したのですが、逆鱗に触れてしまったようで、夫はかなり動揺していました」

こんなご相談を受けたことがあります。

男の人は、女性が思っている以上に、プライドが高いです。

女性の百万倍だと思ってもいいくらいです。

なんでも知っておきたい妻。話してくれないと信頼されず、隠し事をされているようで「私は愛されていないのでは？」と不安になりますよね。

それに対して、深くは追及してほしくない夫。

もし、答えが欲しい気持ちだけで、話さない相手を責め続けるのならば、夫婦関係、恋愛関係は限りなく、冷めた方向に向かっていきます。二人の考え方に差や溝が生じ、寄り添う心が感じられなくなっていきます。

そこに想いやる愛はあるでしょうか。

「どうしてだろう」「なんで話してくれないのだろう」と、ひとりで悶々としていると、いたずらに時間だけが過ぎていき、知らず知らずに互いの心に亀裂が生じて、心が離れていきます。

もちろん、すべてをさらけ出している夫婦もいるでしょう。「これが正しい夫婦の形」というものはないし、一つとして、同じ在り方の夫婦はありません。喜びも悲しみも苦しみも切なさも、様々なことを共に乗り越えて、人生を寄り添いながら歩いていくのですから。互いが納得してこそ、それが「夫婦の在り方」。

「何か理由はあるはず」「話したくないことだってある」

相手の立場になって、声にならない心の声を考えてみてはどうでしょう。

『今、話したら、君はいろいろ深く考えてしまうし、もっと不安にさせてしまうかもしれない。だって、いつもいつも〝不安だ〟と言っているから。

いつかその理由を知るときが来るかもしれないけれど、今はタイミングではないと思う。

きみを想う気持ちは変わらないけれど、伝えることが、すべてだとは思っていないんだよ。だから、理解してほしい。君のことを想って言えないだけだよ』

（心の声）

推論に過ぎない心の声だけれど、相手を想いやる愛があれば、夫婦はつながっていけるんだと思います。

つながっていたいと思う限り、「声にならない心の言葉」で、二人はつながっていける。

「その人の過去・現在・未来・すべての生き方を愛していますか」という問いにあなたは「イエス」と即答できますか？

相手のすべてに愛を込めよう

「大切な人ほど、あとまわし」になっていませんか？

釣った魚には餌をやらない。

この言葉をよく聞きませんか。


付き合い始めのパートナー、結婚当初の夫婦はすべてが新鮮で、相手の言葉や行動、所作一つひとつにドキドキときめくものです。

新しいことは、心に刺激という栄養をくれます。

しかし、時が経つと、そこに慣れや甘えが生まれて、釣った魚に餌をやらない……そんな状況になった人も少なくないと思います。


家族に対しても、子どもに対してもおざなりになってはいないでしょうか。

いい仕事仲間、いい家族、いい夫、いい妻、いい友達、いいパートナー……

大切な人ほど、あとまわしにしがちです。

家族、仕事仲間、友達、仲間、パートナーにこそ新鮮で温かくて、美味しい言葉をプレゼントしてくださいね。

「一緒に暮らしてやすらぐなぁ」「いつもありがとう」「助かるよ」「君は特別な存在だよ」「君と仕事できることに感謝したい」

「あなたを産んでよかった」「君と一緒にいる時間はあっという間だ」

「あなたと結婚してよかった」「大切だよ」「あなたとまた会いたい」

「あなたと出逢えてよかった」

釣った魚にこそ美味しいご馳走を用意しましょう。

人は言葉を食べて生きているのです。

大切な人はあなたの言葉を待っています

相手を「しあわせにしてあげる」気持ち、ありますか？

最近、30代40代の女性と話をしていると、「恋をしたい」「彼氏がほしい」「結婚したい」という言葉をよく耳にします。

深く聴いていくと、「愛」を求めている感じを受けます。それはもらう愛です。

では、あなた自身、自分のことを大好きですか、愛していますか？

どんな自分も愛しているのなら、そろそろ運命の人に出逢う時期も近いかな。

もし今、自分のことをそんなに好きになれずにいて、それなのに「誰かにしあわせにしてほしい」、「好きになってもらいたい」と思っているのなら、それは大間違い。

しあわせの公式　相手のしあわせ×自分のしあわせ＝とってもしあわせ

しあわせとは、相手にしあわせにしてもらうのではなく、**相手をしあわせにしてあげること**。

このくらいの覚悟で、あなたに結婚を決めてほしいと思います。

もし今、パートナーとうまくいかないならば、その原因は、「何もしてくれない」「こんなにやっているのに」とあれもこれも求めているのではありませんか？　それなら、「私がしあわせにしてあげる」くらいの気持ちで向き合ったほうが気持ちいいし、しあわせを感じられます。

恋をして、好きになって、愛して、そして愛を育む。

ここまで来たら、もう「しあわせにしてあげる」って何度も何度も言って、しあわせの毎日を過ごしましょ。

言葉　Give and give＝「しあわせにしてあげる」
公式　相手のしあわせ×自分のしあわせ＝とってもしあわせ

魔法のおまじない「みんな、わたしのことが好き」

「みんな、わたしのことが好き」

そう思っていると、自然と人を好きになる。

私はいつも「みんな、わたしのことが好き」だと思って、目の前の人と接しています。

なんでそんな風に思うのかというと、「みんな、わたしのことが好き」を前提に人と話をしていると、本当に目の前の人がわたしに対して良い印象を持ってくれるからです。

こうして、話をしていると、

「不思議だな。あなたと話していると、心が自然と開いてきます」とよく、そう言われます。

じつは、「みんな、わたしのことが好き」は、私の「魔法の言葉」なんです。

それとは反対に人と会話をしながらも「嫌われたらいやだな」、そんな気持ちを持ってしまう人がいます。

嫌われないように、ついつい行動が控えめになって本来の自分を隠して、自分の気持ちを出せずにいる人。このような人は、心の扉が閉じている人です。

仲良くなりたい人に対して、嫌われたくない思いが強いあまり、仮面をかぶって、本当の自分を出せずに相手好みの人を演じてしまうのです。

でも、本当の自分を隠して人と接したとしても、いつかは仮面がはがれてしまうので、それでは、いつまでもは続かないんです。

だって、時間がたつにつれて苦しくなってきてしまいますからね。

「違和感」を感じたときは無理をしないことです。

すこし、距離や時間を置くことも必要になります。

合わないものは合わないのです。相手も同じ気持ちを感じています。

無理すると心が疲れてしまいますから、あるがまま、自分のままで何も装うことはしないことです。

「みんな、わたしのことが好き」

この魔法の言葉を言ってから、目の前の人と話すと、居心地のよい空間になるので、人は自然と心を開いていくのです。

自分が「心を開く」と相手との距離も縮まり親近感がわいてきますし、相手も心を開き始めます。

「信頼が生まれる」それはあなたと目の前の人の心を結ぶ懸け橋のようなつながりです。「みんな、わたしのことが好き」の気持ちが貴重な心の橋となるのです。

心の奥深いところでは、「みんな、わたしのことが好き」であったらいいな、そう望むことも、もうすでになっているかのようにふるまえば、気づけば、その状態になっているのです。こうして、すべてが自分から始まります。

「自分が好き」だから、みんなも私のことが好きと思えます。

なかなか、「みんな、わたしのことが好き」と思えないのなら、まず、「自分が好き」という言葉を自分自身に言うことから始めてもいいでしょう。これも

「暗示」ですから。

すべてあなたが言う言葉をあなたの潜在意識は聞いています。

かけがえのないあなたという存在を知ることで、目の前の人もかけがえのない存在であることを認識することができるようになります。

「みんな、わたしのことが好き」と「自分が好き」は、この二つの気持ちがバランスよく溶け込んでいるのです。

「みんな、わたしのことが好き」そう思っていると、
人のことが自然と好きになるし、
自分のこともっと好きになっていく

「ニックネームで呼ぶ」と昔からの友達のようになれる

私はいつも「みんな私のことが好き」（前提）だと思って目の前の人と話していますが、親しくなるのにひとつ、とっておきの技があります。

それは「ニックネームで呼ぶ」という技です。

私の友達で、友達を作る達人がいます。彼女と話していると、不思議に親近感がわいてきて楽しい空間で話ができます。友達づくりのポイントは、会ってすぐに相手をニックネームで呼ぶところです。

「なんて呼ばれたいの？」とリサーチがあって、その後すぐに、そのニックネームで呼ぶのです。

「まゆちゃん、よろしくね」。

名前を呼ぶことに抵抗のある人もいるかもしれませんが、「ニックネームで呼ぶこと」が私は人と仲良くなる手段のひとつだと思っています。

人と人の間の壁が一瞬でなくなり、とても和やかな空間がつくられますから。

一方が仲良くなりたい気持ちで話せば、もう一方も心を開き、話しやすくなるのです。

親しくなりたいのならば、苗字ではなく「ニックネーム」で呼んでみましょう。

「みんな、わたしのことが好き」を前提にはじめから、仲が良い友達だと思って話をすると自然と昔からの友達のようになれるのです。


「ニックネームで呼ぶ」×「心を開く」×「笑顔で話す」＝「昔からの友達のようになれる」

手紙を書くことで心を伝える

最近では、手書きで手紙を書いたことがない人もいるかもしれません。

私は、「文字」を書くことが大好きなので、手紙を書きます。

家族、恩師、友達、パートナー、感謝の気持ちを伝えるときは、メールよりも手紙のほうが、何百倍も感謝の心が伝わり、もらった人も温かい気持ちを受けとります。

文字を書くことが苦手でも葉書に「いつもありがとうございます」

また、アニバーサリーなら、

「誕生日おめでとうございます」

「記念日おめでとうございます」

など、ちょっとした心遣いの言葉を送ることは、メールとは格段に違いがあります。

是非、今、頭に思い浮かべた人に手紙を書いてみませんか。

わたしは、パートナーに愛を込めて、心を込めて、いつも手紙を書いています。

「手紙をもらうって、とても嬉しいよ」といつも言ってくれるので、また書きたくなります。

互いにとって、しあわせで、会話では伝えきれなかったことを、手紙では時間が経過したあとでもじっくり文字で表現できる素晴らしいツールです。

文字で「愛を形に変えた素敵なツール」。ぜひ、書いてください。

手紙が書きにくかったら葉書で贈る
誕生日や記念日のメッセージもオススメ

もらった言葉を素直に受け入れる

ほめられたら、どうしていますか。

「すごいよね」「素敵」「お綺麗ですね」と言われても、ほとんどの人が、「そんなことないよ」「私なんて」と、答えてしまいます（師匠衛藤信之先生は、こういう応答をする人を「ワイパー女、ワイパー男」と表現しています）。

心のなかでは本当は嬉しいのに、日本人の謙遜する文化なのでしょうか。これは非常にもったいない。では、こんなときはどうすればよいのでしょうか？

私なら、こう答えます。

↓

「ホントにありがとう、嬉しい」

そして、さらにこう言います。

「私のいいところを見つけてくれてありがとう。いいところを見つけられる、あなたこそ素敵だわ」と。ありがとうの気持ちを込めて言います。

出会った言葉をすべて素敵なおそうじ言葉に変換してみましょう。オリジナルの自分のおそうじ言葉がそこに生まれます。

ほめられたら受け取らなきゃもったいない！

「可愛いよね」「かっこいいよね」「魅力的」「素敵」と言われた言葉をうまく受け取れたなら、「さすが、一味も違うかっこいい魅力的な人」と思います。

素直に受け取って、自分の中に受け入れたときに、あなたは素敵になっています。受け入れた言葉そのものがあなたです。放った言葉そのものがあなたです。

**あなたの人生をプラスにする素晴らしい言葉を素直に放ち、
そして受け入れましょう**

はじめて会う人は神様からのプレゼント

今日、あなたの目の前に現れた人がいます。

なぜ、あなたの目の前に現れたのでしょうか？

その人は、あなたに「人生は、こんな見え方もあるよ」「こんな人生の景色もあるよ」と教えてくれる人かもしれません。


私は、はじめて会う人は、自分を成長させてくれるために、神様が用意してくれた人だと思っています。

そして、もしもあなたにとって運命の人であったならば、その人と出会えたその瞬間が「神様からのプレゼント」です。

あなたのまわりにいる人にたくさんの笑顔を与えてください。素敵な言葉を投げかけてみてください。

最初は照れくさいかもしれないけれど、きっと、目の前の人は嬉しい顔をしています。

もし、自分の目で見て感じられないならば、**心の目で見てください。**

胸に手を当てて目を閉じてほんの5秒間、心で感じてください。

あなたは何を感じているのか？　相手に何を感じてほしいのか？　何をプレゼントしたいのか？

その人は、あなたに何かを伝えるためにやってきました

引き下げる人と距離をおく

人間関係で無理して合わせようと我慢をしたり、ストレスを抱えながら長期間、同じ関係を続けていてはいけません。
人間関係がうまくいかない、と感じるのは、あなたがいる空間が、あなたの心の成長度合いと合っていない空間かもしれないからです。

もし、目の前の人があなたにとって、人生を成長させてくれる人ならば、向き合う必要もありますが、あなたの心を暗くして、引き下げる人であるならば、考える必要があります。

新しい世界の人間関係と出会うことが必要なときです。
あなたが今よりもさらに成長するに必要な過程で、いままでの人間関係に無理をしていたり、我慢しているとしたら、新しい世界の人間関係と出会うチャンスです。波長の合う人に会いに行ったり、一緒にいて心地よい人を誘ってみましょう。

あなたを引き下げようとする人がいるのであれば、ある期間、距離と時間をとってください。

大きな成功をおさめている人たちの多くは、人生のステージを昇りながら、ふさわしい人間関係を築いていくために、その段階に応じて人間関係の整理をしています。これは成長へのステップです。

あなたの目指すものや求めるものが変わってくれば、共有する時間も共通点も違ってきます。

人として、成長していく過程では、今までとは違う人間関係へと方向を変えて、生きていくようになるのです。

取り巻く人間関係は、仕事、友達に限らず、あなたにとって、プラスにならない関係ならば、そこに、こだわる必要はありません。

限られた時間のなかで、一度きりの人生を悔いなく、ポジティブに生きていくためには、人間関係の新しい出会いが必要になります。

新しい世界の人間関係と出会うことは
「人生のステージを変えること」

「奇跡の言葉」があります

言われて嬉しい言葉、元気になる言葉、励まされる言葉、安心した言葉。

「奇跡の言葉」とは、じつはその言葉そのものではありません。

誰からその言葉をもらったのかで、奇跡の言葉になるのです。**魂が震える言葉とは、その人が生きてきた人生をのせて届く**から。

奇跡の言葉1　愛している人の言葉

ひと言ひと言を拾って、宝物にしたくなるくらいに、こころに響くもの。

「お疲れ様」「大丈夫だよ」「がんばって」「会いたいな」

同じ言葉をどこかで誰かと何度も交わしているけれど、大好きな人、愛する人に言われる言葉は格別で、同じ言葉であっても、こころが躍り、愛のスイッチが押されます。

奇跡の言葉2　尊敬する先生の言葉

「今日が最後だと思って生きる」

これは、師匠衛藤信之の言葉です。

「一期一会」で生きている人の言葉はこころにじーんと響く。いつも前向きで、後ろ向きな言葉は聞いたことがない。……そんな尊敬する先生の言葉は、こころに染みてくる。

ある記事にこころが引き付けられました。

最後の宿題（提出期限なし）

「しあわせになりなさい」

君たちが宿題を出す頃におそらく僕は天国にいるでしょう。

急いで報告に来るな。

ゆっくりでええから、いつか面とむかって「しあわせになったで」ときかせてください。

待ってるで。

これは、大阪の中学校で、病を患った先生が生徒たちに向けて残した「最後の宿題」です。夏休み明けの生徒たちに出した提出期限なしの宿題です。
（2016年4月24日「FUNDO」https://fundo.jp）

「宿題」という言葉を聞くたびに、子どもたちは自分はしあわせになるには何をすべきなのか、人生のなかで何度も自問自答するでしょう。自信を持って、「しあわせになったで」と、いつの日か先生に報告できますように。

奇跡の言葉3 幼い子どもたちの言葉

疑うことを知らず、気持ちを消さず想いを語り、優しい心を出し惜しみすることなく差し出す子どもたち。

飾らない言葉だから、聞こえてくる言葉はかっこいい言葉ではなく、むしろ不器用な言葉。

それでも不思議にこころに響いてくる。

不器用な言葉であっても、とりつくろっていない言葉のほうが何百倍もまっすぐに届く……それが子どもたちの飾らない言葉なんだと実感する。

誰かのこころに響く言葉が言えるあなたになろう。

あなたが贈る言葉は誰かの「奇跡の言葉」になる。

奇跡の言葉4 日常の中にある言葉

あなたが思う奇跡とは、もしかして、宝くじに当たるようなことですか？

そういう物質的なことが奇跡でしょうか。

日常で交わす言葉である「ありがとう」や「ごめんね」も思いもしなかったときに「あなたに会えてよかった」と言われたことも、絶景をながめているときに「ウワオー!」と互いに放つ言葉もしあわせを味わえる奇跡の瞬間の言葉です。

小さな奇跡に気づける心、人の大きな心の器に気づけるときが奇跡の瞬間。

大きな奇跡ばかりにとらわれて、「まだかな、まだかな」と思っていることが、いつまでも小さな奇跡さえ起こらないということを引き寄せているように思います。

コンクリートの隙間に咲く花、思わぬところで偶然再会した友人、会社の行き帰りで同じ車両に乗り合わせた人達の会話……**小さな奇跡の言葉にこそ敏感になること**です。

奇跡の言葉とはそんな普通の日常の中にすでに存在している言葉です。

その日常の中に、ほんの少しでも心を傾けることができたなら、しあわせの感度がフワッと高められるのです。

ことだま銀行

あなたは「ことだま銀行」があることを信じますか？

これは私が作った言葉の世界の銀行です。あるとき小学生の子が話していたことをヒントにイメージしました。

ワクワク、ドキドキを言葉にしたり、誰かのこころに感動や勇気、やる気、ときめき、励ましの言葉を伝えたとき。その言葉が「ことだま銀行」に貯金されていきます。


「チャリーン」

ことだまがこだまする音と共にことだま貯金が増えていくのです。

家族、友達、会社の人、ペット、道に咲いている花、生きているもの、自分の持ち物、お金にかける言葉に至るまですべてのものに対して反映します。

善い言葉・やる気になる言葉・楽しくなる言葉・癒される言葉・言葉に変わ

る笑顔……ありとあらゆる表現を使って、あなたが表したい言葉をあなたの大切な人や大事なものに向かって伝えてください。

「チャリーン　チャリーン」

その人や物にあなたの思いが伝わったときに、こころがしあわせのほうへ導かれる言葉は「ことだま銀行」にたまっていきます。

そして、大切なお知らせです。

やる気を失う言葉・意地悪な言葉・不平・不満・悪口・批判……は貯金を一気に減らしてしまう言葉です。気をつけてください。つい、言ってしまうときだってあります。そんなときのために日々、たくさんのことだま貯金をしておきましょう。

そのうちにことだま貯金が習慣になってきます。自分のペースで貯金していきましょう。続けていくと、想像を越えるしあわせを味わうことになります。

Part 4

放つ言葉が、あなたの人生をつくる

——〝自分〟を生きるために

放つ言葉はあなたの人生をつくります。
言葉は力になります。あなたを成長へと導き、
そしてしあわせを引き寄せ、
時には誰かの心を温める優しい言葉にもなるのです。
本章は、あなたやあなたが関わるすべての人に
しあわせと成功をもたらします。
人生がピッカピカに輝き、
笑顔で楽しい毎日を過ごしているあなたの姿が見えてきます。
それが私にとって何よりも嬉しく、しあわせなことです。

夢を叶えるなら、「叶った」言葉を使う

「こうなったらいいな」

夢をもったとき、誰もがこう思うのではないでしょうか？　でも、「なったらいいな」ではなく、すでに叶ったように過去形で言葉にすること。すでに叶ったかのように振る舞うこと。それが大事。

潜在意識（無意識）はあなたの言葉をまるごとそのまま聴いています。

潜在意識は、主語もわからないし、現実と想像の区別もありません。

あなたが言葉で発したことが本当のイメージになり、そのまま脳内に影響します。

ですから、その言葉から、願望を叶えるためにわき出る思考が、行動につながっていくのです。

そこで、オススメしたいのは、すでに叶ってしまったようにすること。

そして、先にしあわせを味わうこと。※

「私はしあわせな作家になりました」

「私は互いに成長しあえるパートナーと出逢うことができました」

「私はまた会って話を聴いてほしいと言われました」

そんな短い文章を手書きで書く。

本の中から心に響く言葉を拾う。

そして、すでに実現している人に会いに行き、うまくいっている人たちの真似をしてみる。自分の憧れている人に会いに行くのもいい。

そして、「素敵な私」を演じるのです。

言葉にする→イメージする→行動する

という流れをつくりましょう。

では、具体的な方法を次項でお教えしますね。

夢を叶えるために……言葉を行動に変える方法

夢を叶える具体的な行動を説明していきましょう。

1. 具体的にどうやって行動するのか。
2. それはどんな心でやるのか。
3. 必要なものは何か。
4. 自分はどうありたいのか。

書き出してみます。

頭の中であれこれと考えているよりも、書き出すことが一番の近道です。

そして、そのイメージを自分に落とし込みます。やり方は、こうです。

1. 椅子に座って深呼吸(3回)。

2. 静かに目を閉じて、頭の中ですでに叶っている自分を想像する。
3. 映画のスクリーンの中で満面の笑顔でいる自分を思い描き、しあわせを味わう。
4. すでに叶ったように過去形で言葉にし、「ありがとうございます」を感謝の言葉を最後につける。
5. 「無限の力を信じます」と言葉にする。
6. 良いイメージでゆっくり目を開ける。

3分から5分ほどでできます（寝る前がオススメです）。

こうなりたいという「願い」から↓こうなったという「イメージ」にして、具体的に言葉にします。

大成功や、有名人、偉人を目指すのではなく、現在の自分に合った夢や目標に向かい、毎日こつこつとできることをやることです。イメージできることが現実になります（大成功がイメージできるなら、それでもOKです）。

言葉にすること↓さらにそれを文字にすることで、その目標は視覚的にも自分の中に入って来ます。

「～になりました。ありがとうございます」と書いて、それを寝室に貼る（視覚から心が反応します）。

自分はできると決めて行動すること。

ありたい自分を言葉にすることでどれだけ潜在意識が反応し、夢実現に効果があるのか、自分自身で感じてください。習慣的に言葉にして、具体的にイメージしていることはあなた自身に反映されていきます。

「夢を叶える言葉」を朝に、夜に、もうなったかのように何度も言葉を放ち、よいイメージを頭で映像化すること。イメージして、夢を言葉にして、しあわせな言葉で心をいっぱいにしましょう。

やってみたいことがあるのであれば、「あなたの表現」で表してみましょう。

例　「素敵な女性になる」→「素敵な自分を演じる」→「今日の私はもっと素敵」

それを毎日意識していたら一年後には、自分の想像を越えた素敵な女性になっていることができるのだから。どんな目標でもあなたがどうありたいかを想像しただけで、夢が叶っている世界に一歩踏みこんでいるのです。

夢を叶えるには、
すでに叶ったかのように言葉にすること
すでに叶ったかのように振る舞うこと
コツコツと行動すること

運命を動かすには、1・2・3で行動する

家の中にいて、「何かいいことはないかな」「素敵な出会いがありますように」などと祈っても、実際に外に出て行動しなければ、何か驚くような奇跡は起きることはないし、人と出会わなければ、良い出来事も、素敵な出会いもありません。

「運を動かす」➡「運命を動かす」

文字通り、運を動かすには「体を移動すること」です。

まず、1から10の中から言葉を選んで声に出して言ってみましょう。

1 「外に出る」
2 「散歩する」

3「誰かに連絡をする」
4「食事に誘う」
5「新しい服を買いに行く」
6「運動をする」
7「旅をする」
8「自分を磨く」
9「ワクワクする」「ドキドキする」
10「恋をする」

声に出して↓次に、行動します。

例えば「散歩する」。
1日目は、散歩に出かけるだけだったとしても、2日目はそこに本を持っていけば、＋「本を読む」。
さらに＋「珈琲を飲む」。

「ワクワクする」「ドキドキする」「心が躍る」「あの人のようになりたい」「こんなことをやってみたい」「こんなことを学びたい」……それが、心を動かす原動力です。

言葉にして行動していると、あなたの進みたい方向が見えてきて、それがやがて、「形」となってきます。

恐れや、不安も出てくるでしょう。そのときに、「なんで、不安になるんだろう」ではなく、**「どうしたら、うまくいくのだろう」**と言います。

不安や恐れはあなたのステージを上げるための試されごとです。

とても怖いかもしれませんが、「神様からの課題」と思って、やってみましょう。ここを超えれば、次に進んでいけるのです。

また、次のステップに進むときも「どうしたら、うまくいくのだろう」をまた言葉にしていくのです。

泣き言を言いたくなっても、「どうしたら、うまくいくのだろう」という言葉を何度も何度も使ってください。

そうしているうちに、その方法が浮かんできます。あなたがやりたいことならば、必ずうまくいきますから、大丈夫。

「ワクワク、ドキドキ、ウキウキ」うまくできたかのように想像しながら、進みます。思い描けることは実現することですからね。

「運命を動かす」ならば、なったかのようにふるまって、言葉にすること。そして行動することがセットです。

言葉にして、行動すると運命が動く速度も速くなります。

この本を手にとって読んでいるあなたはすでに運命を動かしていますね。

1・2・3秒で即行動です。

言葉にする×行動＝運命を動かす

お掃除しましょ

あなたのお部屋は居心地のよいお部屋ですか？
部屋は心を表します。

玄関の靴はそろってますか？
キッチンは洗いものがたまっていませんか？
トイレはお掃除してますか？
何年も着ていない服をとってありませんか？
お財布のなかのレシート、ポイントカードなど、必要でないものまで入れてませんか？

あなたにとって居心地のよい状態であれば、それもよいかもしれませんが、

「きれいが好き」ならば、お掃除することは心をスッキリとさせます。


言葉で心の中をおそうじすると同様にあなたの身の回りをおそうじすること。

これは、必ずやってほしいことです。

身の回りを綺麗にする。掃除を心がける。玄関の靴を揃える。

ひとつの習慣を作ってできたら、また、ひとつ良い習慣を増やす。


どんなに美しい言葉を放ち、笑顔を振る舞っていたとしても、あなたの身の回りが散らかっていると愛も魅力も循環していきません。

全部やる必要はありません。一度にやろうとするのは逆効果。「やる気」も失せるものです。


オススメする簡単なステップは玄関の「靴をそろえる」ことです。

家に帰ってきたときに、脱いだ靴をそろえるだけ。外出先でもいつでもどこにいてもできることなので、私は必ずやっています。是非やってみてください。

あなたにとって、簡単にできそうなおそうじはなんですか。
「サーッ」とやって「パッ」と完了。3分でできる簡単なことからやってみましょう。身の回りもスッキリして、心もリフレッシュしましょう。

「サーッ」とやって「パッ」と完了

パートナーと共に支え合うしあわせを手に入れる

三年前、初めてお話を聴いたとき、

「旦那さんのことが好きじゃない」

そう言っていたのぞみさん（仮名）。

この間、お会いしたとき、「旦那さんとはどうですか？」と聞いたら、

「旦那さんに対して、感謝することができました」という言葉をのぞみさんからもらいました。

私は思わず「ほんとうに嬉しいです。その感謝に気づけたのですね」と声高らかに返しました。

以前、下のお子さんが生まれたときに、旦那さんがあまりに熱心に子育てをしてくれるので、母親役を奪われたような気がして、嫌だったのだそうです。

それがきっかけで旦那さんへの愛情が消えていったと話していました。

先回りをして、なんでもやってくれる夫に対して、

やってくれなくてもいいのに
聞いてくれたらよかったのに
上の子の面倒ばかり見ている
下の子のこともっと見てほしい

……

出産後にたくさんの期待が自分の中にわいてきていたことにいま、気がついたと言っていました。

協力することを自分のやり方で協力してほしかった。思い通りにいかないことで嫌な気持ちになっていた。わがままでした……。

そうも言っていました。

日那さんにふっと言われた言葉やよかれと思ってされた行動を「欠けているところ」と捉えて、距離をつくってしまったんですね。そんな心を感じました。

私は、彼女が変わろうとする姿を見てきました。

起こした行動と言葉、それはこの三つでした。

・すべての人に感謝する心で接すること
・感謝する気持ちでいること
・「ありがとう」の言葉を言うこと

他にも本を読んだり、言葉がいいことを引き寄せることを、少しずつ感じるようになり、さらに、「神様に見守ってもらっているなあ」という感覚もあって、自分の行動を大切にしようと思うようになりました。

仕事に没頭できるのも、日那さんのおかげ。協力してくれていること、今、平和にしあわせに生活できていること、自分が恵まれていること。彼女の中に、

そんな答えはありました。そして、感謝の気持ちがわいてきたのです、

「いまは、旦那さんが子育てを手伝ってくれたからこそ、自分は仕事や好きなことができてるし、スッゴク感謝してるんです。ありがたいって」

「旦那さんのいいところを見つけられるのぞみさんも素晴らしいし、いつも変わらず、一生懸命に子育てを手伝っている旦那さんも素晴らしいですよね」

と言うと、

「そうなんです。幼稚園でも、園長先生から夫の鏡と言われるくらい、とてもいいパパですねって言われるんです」

と嬉しそうに答えてくれました。

「うわー素敵。いいですね」

私は、思わず声をあげてしまいました。

のぞみさんは旦那さんのいいところをあらためて認めることができるように

なったのです。それこそ素晴らしいし、のぞみさんの学びです。

美しいのぞみさんがさらに美しく感じました。そして、

「旦那さんの変わらぬ愛」

目には見えないけれど、そこに確実に愛があることを感じられました
「ありがとう」と「ごめんね」を繰り返しながら、互いに向上していける二人。

残された時間を大切にして、これからも、支えあって生きていく。

そんな後ろ姿を子供たちは見て、育っていく。

色々な形があるのが夫婦の形。

のぞみさんがどんな家族の形でありたいか、そして、自分の人生をどう生きていきたいのか。決めるのは、自分自身。自分がしあわせを味わえる人生の選択をしてほしいと心より願います。

夫婦の形は二人で決める

しあわせの感度は心の温度×空気感

しあわせの定義や感じ方は人それぞれ。

「ありがとう」や、「綺麗だね」というひと言で相手の感謝や優しさを素直に受け入れることができる人もいれば、逆にどれほどの言葉をもらっても心に響かない人もいます。それを「しあわせ感度」と言います。

誰だって、「しあわせになりたい」ですよね。

あなたのしあわせ感度は敏感ですか。鈍感になってしまっていませんか。

「しあわせ感度」は、日常の考え方をほんの少し変えるだけでどんどん敏感になっていきます。

まずは、あなた自身の「心の温度」と、他者との「空気感」を意識しましょう。

しあわせの感度＝心の温度×空気感

心の温度と空気感は、掛け算の関係性になっています。

いずれかが低いと、あなたのしあわせ感度も一気に鈍くなります。


心の温度とは、感謝の気持ち。

空気感とは、他者と関わり合うときに使われる五感のことです。

心の温度が高いと、相手に対して「感謝したい」という感情が高まります。

空気感は、五感を鋭くすることでもあるので、小さな変化や物事にすぐ気づくことができます。そのためにも、使う言葉を変えてみましょう。

他者に対してだけじゃなく、あなた自身にも対しても。


例えば、「好き」という言葉は、相手に好意を伝えることはもちろん、自分自身に対しても、出来事や行なった場所や物に対しても「好き」という温かい感情を育みます。

逆に、「嫌い」という言葉を使うと、自分の心に否定の感情が生まれてしまいます……。

また、言葉を意識すると、自分の目に映る景色、好きな匂い、心地よい音、ずっと触れていたい感覚を自分自身のものにすることができます。

五感を鍛えることができるのです。

まずは、日々感じたことを言葉にしてみてください。

しあわせ感度が鋭くなると、あなたの毎日にはしあわせがたくさん溢れていることに気づくはずです。

日々感じたことを言葉にしてみよう

セレンディピティで思わぬ幸運に出会う

おそうじ言葉を使って生きていると、不思議な偶然にたくさん出会うようになります。それは、心をお掃除することで、心が軽くなるから。軽くなると、家の中から外に出かけて行きたくなります。

はい、是非、出かけてください。

なぜなら、出かけることで「思わぬ幸運に偶然出会う」ことができるから。

「セレンディピティ」は、偶然出会う幸運のことです。

私たちはふとした偶然から幸運をつかみとることがあります。素敵な偶然に出会ったり、予想外のものを見つけたり。目には見えないだけで、私たちのまわりにはチャンスがあふれている、ということでもあります。

これらを、「偶然力」の魔法だと思っています。

突然降りだした雨も、
歩いているうちにパーッと太陽が射し、青空が出てきたことも、
こんな夜遅い時間に電話がかかってきたことも（↓そんなこともある）
電車が待たずに来たことも、
電車が時間通りに来なかったことも（↓焦らずゆっくりの気持ちで）
自転車の鍵を落としたことも（↓そんなにこだわることはない）
買い物をしていたら、偶然知りあいに会ったことも（↓そして、とても良い話を聞けたこと）
本屋さんで手に取った本も。そこから出会う心に響いた言葉も（↓そのとき何度も目にする言葉だったことも）

すべてが必要だったのです。

偶然、出会っているかもしれない出来事が、じつは必然だったりします。

この必然を捕まえる力をいとも簡単に得られるかもしれないのが、セレンディピティなのです。

セレンディピティでしあわせと偶然に出会うことは、「必然をつかまえる力」を引き寄せているのです。

部屋に閉じ籠り、一人であれこれと考え込んでいても仕方ありません。

さぁ～外へ出かけてみよう。

あなたも「偶然力」＝「必然をつかまえる力」を試してみませんか

自分だけの人生のストーリーを始めよう

「運命」という言葉はどんなイメージでしょうか。

私は、「運命」は自由に変えることができると考えています。

運命は「あなた」というストーリーの台本です。途中で結末を書き換えることだって可能ですし、突然打ち切ることだってできる――。

私たちがなぜ、この世に生まれてきたかというと、それは、体験をするためです。行動して、気づき、学びを通して、未知のストーリーを自分でデザインするためです。

あなたは自分の人生をあなた自身でデザインできていますか。

本当は自分で台本を書きたいのに、書くことを諦めていませんか。

日々、やることに流されていると、運命を変えることはできません。

私は5年前のどん底期をきっかけに、やってみようと思ったことは、すべて見切り発車でも迷わず一歩踏み出してやってきました。

セミナーや学校にもたくさん行きました。表面的に見ると失敗したようなこともたくさんありました。

「思っていたものと違うなー」と思ったり、「こんな人が世の中にいるのだな」と思ったり、あっちにぶつかり、こっちにぶつかり様々な体験をしてきました。

お金に対してとても執着している守銭奴、自分のことを最高だと思っているナルシスト、自分を押し売りしてくるKY（空気が読めない人）、など、いろいろな人に会いました。

それでも、私は決して、チャレンジしたことを後悔していません。すべてが私にとって人生の勉強だったからです。

私が強くお伝えしたいのは、

「何もしないでいることが、一番もったいない」

ということです。

世の中って何が起こるかわからないから楽しい。私にとっては、「チャレンジをしないことが失敗」なんです。

諦めない限り、チャレンジし続ける限り、決して失敗はないのです。

そして、チャレンジを何度も何度も繰り返していくうちに、自分のやりたいことにたどり着きます。

私は、「生きていることが経験」と思い、チャレンジしています。

人は、いつか寿命が来たら死にます。私たちの最後の経験は「死」です。死んでしまった後は、もう何も経験できません。

ですから、その日まで、命を使い切る必要があるのです。そのためにも、誰かが書いたストーリーにあなたの時間を使うのではなく、自分で書いたストーリーを進んでいきましょう！

自分でデザインした人生を歩いていると、「奇跡」のような出来事に遭遇します。それは、ただの偶然、今まで見過ごしてきたものの中に紛れ込んでいる宝石のようなものかもしれません。

あなたは、それを見つけられるでしょうか。

人生は、「奇跡」の繰り返し。その奇跡を信じた人だけが受け取れる神様からのプレゼントのようなものです。

人生のストーリーを自分でデザインして
最上の人生を始めてみましょう

「雨に感謝」

時に、雨は心を癒してくれる
泣きたいときに
一緒に泣いてくれている感覚になるから。
今日は泣きたい……そんなとき
傘もささずに濡れてみるのもいいでしょう。

雨に癒されたら、
今日の雨に感謝しよう。
また、明日から元気になれるから。
今日は思いっきりおちこんでもいいよー。
自分の気持ちに同調する音楽を聴いて
とことん落ち込んで、いっぱい泣いて、
それから、空を見上げよう。

上を向いたら、こころも上を向いて
明日から、生きていけるから。

エピローグ
言葉を変えると人生が変わる

言葉の表現が豊かな人は「人生も豊かだなー」とつくづく思います。

言葉には、あなたを魔法のように変える力があります。

今まで、生きてきた経験の中から生みだされる、豊かな魔法の言葉は、人の心を癒し魅了します。もし、あなたが、その言葉を使いこなすことができるなら、今すぐにでも使いたいと思いませんか？

じつは簡単にできるんです。

言葉の持つ力は自分自身の感情をコントロールし、心の奥底に沈んでいたネガティブな感情を消してくれます。

言葉は、心を浄化するだけでなく、あなたが本来ありたい姿へ、自然と自分を動かしてくれます。

言葉の力は、あなたが思っている以上に、あなたを素晴らしい姿にしてくれるのです。そして、言葉の力をあなたが心から信じた瞬間から、あなたは変化していきます。


「始めに言葉ありき」

これは、新訳聖書中のヨハネによる福音書の冒頭の記述です。世界のありとあらゆるものすべては言葉によって成り立っていることを表しています。

発する言葉はその人自身を表しています。言葉の力で自分の想像している人生がより豊かにできるのならば、今すぐにでも言葉を変えたいと思いませんか。言葉は人生を変えるのです。

私のまわりでは、以前、言葉の力を知らない人がほとんどでした。「困った」「忙しい」「疲れた」「うざい」などといった言葉を簡単に口にする人が多かったことを覚えています。

私が言葉の力を知り、美しい言葉を意識し使い始めると、人間関係まで変化していきました。

あなたが言葉を変え始めると、必ず本当の自分自身とつながりはじめます。やがて、あなたはあなたのまわりにも影響を及ぼすほどのすばらしい「癒しと影響力」を与えることになります。

「言葉を変えると人生が変わる」

と、心に刻んでください。そして、あなたも言葉を変えて、人生のステージをあげて新しい自分に出逢ってください。

「美人言葉」の力

美しい言葉を言うことは、表面的に美しくなるだけではなく、心の中も美しくなっていきます。内側からにじみ出てくる美しさのオーラをまとうことができます。つまり、おそうじ言葉とは、美人言葉とも言えます。

「いつもありがとう」
「尊敬してます」
「あなたの生き方が好き」
「あなたに出会えてよかった」
「いつも助けてくれてありがとう」
「しあわせになりなさい」

美しい言葉には力がある。神秘的な力を宿す言葉。
言葉の美しさ、効果を味わうこと。
言葉一文字一文字に心を込めたときにこそ、その力は発揮されます。
重なり合う言葉の空気感、音階。
音楽のように心地よく聞こえてくる言葉。
言葉と神様の力が螺旋状に溶け合い、
魔法のシャワーになって、あなたに降り注ぐのです。

一言一句、大切にすること。

自分の声ではっきり美しい言葉にすること。

時間、風の流れ、香り、音、すべてを五感で感じながら、言葉を相手に伝えること。

そして、**どれだけ心を込めたか**。

美しい言葉、「美人言葉」を持っている人は、後ろ姿でさえ輝きを隠せないほどに、オーラが漂っています。

あとがき

みなさん、人生を楽しんでいますか？

私はいま、人生をとっても楽しんでいます。

日本メンタルヘルス協会の師匠衛藤信之先生がいつも言っている「一期一会」の心得で私は生きています。

一期一会で生きるとは、今、目の前の人と今日で最後だと思って向き合うことです。

明日も必ずやってくると思っていると、今日という日を何となく過ごして、ある日、こんなはずではなかったと後悔ばかりの日を迎えることになってしまうのです。

そうなる前におそうじ言葉を繰り返し使い、人生をピッカピカに輝かせて、楽しくて面白い人生を過ごして生きたいですよね。

「やりたいことをやって、そして、やりたくないことをやらない」

とてもシンプルですが、私にとっては大きな決断でした。

人生の選択は時に迷うことがあります。

私は、離婚するまで、ずーっとずーっと、マイナスなことばかり考えて、まったく前に進めず行動できませんでした。子どもがいるから、世間体があるから、また意地悪されるのではないかと恐怖で、人の目を気にするあまり「べき」「ねば」にしがみついて、一度きりの人生なのに、見えない未来が怖くて、そこから一歩も踏み出すことができませんでした。

とうとう「住む家」さえなくなりそうになったとき、「どうしよう」……と追い詰められて、目が覚めて、そしてやっと「がんばるエンジン」がブーンブブ、ブーンブブとかかったのです。

やっと八方ふさがりの場所から抜け出しました。

離婚をして「心からしあわせだと思える人生を送る」と誓ってから、私の人生は、少しずつ変化してきました。

私がやっていたことをリストにまとめてみました。

1. 朝と寝る前の祈り、感謝の祈り
2. ありたい自分を意識するために目標を書いて視覚的に意識させる
3. 言葉を意識して生活する。目の前の人が嬉しくなる言葉を言う。もちろん自分のこともほめまくる
4. 自分の立ち振る舞いを振り返る
5. 行動する
6. 五感を使う

いま、私は人生を心から楽しんで、今を生きています。

もしあなたが迷っているなら、目を閉じて、胸に手を当てて自分の心に聞いてみてください。

今どうありたい？　どんな人生を生きていきたい？

岡本太郎さんの言葉です。

『ぼくはどんなに苦しいときでも、苦しいような顔をしないから、自由気まま

に生きているように見られたね。ぼくは今までどんなに苦しい状況のなかにあっても、にっこり笑って悲劇的でありたいと思っていたからね。食えなけりゃ食えなくても、と覚悟すればいいんだ。それが第一歩だ。そのほうが面白い。』（『強く生きる言葉』イースト・プレス）

面白がったほうが楽しくなって、笑顔になってる自分がいました。

そうして日々を前向きに生きていたら、いつの間にか心理カウンセラーになり、たくさんの人々と出会い、人生を語りあっています。

自分が苦しくて、つらくて仕方ないときに本の中の、たった一行、たったひと言に救われました。

だから、そんな「心がフワッと楽になる言葉を書く仕事ができたらいいな」と思って、チャレンジし続けて、ここまでたどり着きました。

一人の力じゃなくて、わたしのまわりにいるたくさんの人の力があったから、今の私があります。

出版への道を導いてくださった吉田浩先生、出版塾のスタッフの方々。講師の塩原匡浩先生、田路カズヤ先生。そして、応援してくださった川﨑康彦先生、本田健先生、佐藤伝先生、山﨑拓巳先生、望月俊孝先生、尾藤克之先生、伊藤勇司先生、ひすいこたろう先生、寺田真理子先生、浅田すぐる先生、生方正先生、小野正誉先生、常冨泰弘先生、クリス＝モンセン先生。互いに協力しあい高めあった出版塾の仲間。

いつも見守ってくださった、日本メンタルヘルス協会代表衛藤信之先生。貴重な時間を惜しみなく注いでくださった丸山弥生先生。講座に参加したとき、必ず一声かけてくださる木下正則先生。いつも笑顔で迎えてくださる野本弘毅先生。「こんにちは」と元気に挨拶をしてくださるスタッフの方々。困ったときは手を差し伸べ、楽しいときは一緒に盛り上がって最上の空間をくれるプロ28期の仲間。出版に至るまで協力してくださった富田哲郎さん。

今回の出版において、わたしの原稿をキラキラのピッカピカに輝かせて、魂を吹き込んでくださった青春出版社の手島智子さん。私を応援してくださった青春出版社の方々。

愚痴も文句も言わず、助けてくれた息子、両親。

温かい愛で包み、「大丈夫だよ」といつも支えてくれた素晴らしいパートナー。私と関わるすべての人に、「ありがとうございます」と感謝の言葉を贈ります。そして、この本を手にしているあなたにも、ありがとうございます。

あなたもこの本に出会ったから、もうなりたい自分の道を歩き始めています。面白がって楽しんで、本音の本当の人生を歩きながらしあわせを味わいましょう。

この本はあなたに出会うことを待っていました。
あなたに必要な言葉が本のなかであなたを待っています。
どうぞ、出会ってあげてくださいね。見つけてください。
愛を込めて――。

星　まゆ美

わたしの格言

「命をいっぱい輝かせて生きていこう。人生は一度きりだよ」

「言葉を変えると人生が変わり、新しい自分が自然と見えてくる」

自分で決めた人生を歩いていく

あなたの人生の時間はあなただけのもの。

だから、それをどう使おうとあなたの自由です。

だからこそ、あなたの大切な人生の時間を、
あなたのしあわせ色に変えてください。

しあわせ色は、どんな色ですか。

あなたのしあわせ色の時間を1分1秒でも多く、
味わってほしいのです。

巻末付録

しあわせの感度を高める 言葉おみくじ

目に止まる文字が、いまのあなたに必要な言葉です

祈る
知識
しあわせ
平和
愛する
直感力

親切心
自由
信じる
世界
価値観
許す

優しさ
生命
気力
決断
行動
勢い

静寂
癒し
才能
強さ
影響力
初心

必然性
集中
笑顔
真実
愛情
学び

気づき
尊敬
磨く
持続性
寛大
公平

未来
財力
表現
可能性
堅実
思慮深さ

博愛
自信
理解
想像
寄り添う
記憶

正直
忍耐
真心
継続
適応力
感性

心の器
面白がる
楽観的
感動
成功
変わる

貢献
楽しむ
感激
待つ
感謝
人間力

旅
傾聴
セレンディピティ
覚悟
俯瞰

道しるべ
無限力
発想力
友情
経験値
喜び

情熱
恋しい
恩送り
バランス
感じる
永遠

最善
与える
素晴らしさ
前向き
受け入れる

タイミング
叡知
認める
響く
同意
聡明

唯一無二
美しさ
雄大
色彩
意志
希望

安全
能力
自然
誠実
完結
優雅

循環
有意義

今日、あなたが心に一番響く言葉を心に感じながら過ごしましょう。

本文中の※は、 日本メンタルヘルス協会の講座で学んだメソッドです。

私に多大なる影響を与えた大好きな本一覧

『絶対、よくなる』 斎藤一人（PHP研究所）／『微差力』 斎藤一人（サンマーク文庫）／『地球は「行動の星」だから、動かないと何もはじまらないんだよ。』 斎藤一人（サンマーク文庫）／『いい言葉は、いい人生をつくる』 斎藤茂太（成美文庫）／『感動する脳』 茂木健一郎（PHP文庫）／『ハーバード式　最高の記憶術』 川﨑康彦（きずな出版）／『ありがとうの神様』 小林正観（ダイヤモンド社）／『心屋仁之助の「奇跡の言葉」』 心屋仁之助（経済界）／『幸せの引き出しを開ける こころのエステ』 衛藤信之（サンマーク文庫）／『未来は、えらべる!』 バシャール 本田健（VOICE新書）／『運命を動かす』 アンソニー・ロビンズ 本田健（三笠書房）／『運命をひらく』 本田健（PHP研究所）／『なぜ、あの人はいつも好かれるのか』 本田健（三笠書房）／『影響力』 永松茂久（きずな出版）／『幸せになる勇気』 岸見一郎　古賀史健（ダイヤモンド社）／『文章の技術』 尾藤克之（明日香出版社）／『光に向かって100の花束』 高森顕徹（1万年堂出版）／『神様にかわいがられる豊かで幸せな生き方』 斎藤一人 高津えり（学研プラス）／『スゴイ! 話し方』 山﨑拓巳（かんき出版）／『最高の人生を手に入れる習慣』 ゲイリー・ライアン・ブレア　弓場隆訳（かんき出版）／『たった1分でできて、一生が変わる! 朝の習慣PREMIUM』 佐藤伝（学研プラス）／「感謝の習慣」で人生はすべてうまくいく!』 佐藤伝（PHP文庫）／『運命を変える言葉』 ゲッターズ飯田（ポプラ社）／『書くだけで奇跡が起こる 魔法の手紙』 はづき虹映（あさ出版）／『「妄想」を操る女は100%愛される♡』 鶴岡りさ（大和出版）／『家族を救う片づけ』 伊藤勇司（KADOKAWA）／『予祝のススメ　前祝いの法則』 ひすいこたろう 大嶋啓介（フォレスト出版）／『メイクが喜びに変わる答え』 内田裕士（大和書房）／『毎朝、自分の顔が好きになる』 内田裕士（フォレスト出版）／『「一生に一度の本当の恋」を叶える9つのカギ』 アレックス小倉（学研パブリッシング）／『大切なことはすべて日常のなかにある』 やましたひでこ　おのころ心平（かんき出版）／『新訳"自分らしさ"を愛せますか』 レオ・ブスカーリア（シャスタインターナショナル）

青春文庫

心《こころ》をピッカピカにする おそうじ言葉《ことば》

まず、3日間《かかん》だけ続《つづ》けてみてください

2019年11月20日　第1刷

著　者　星《ほし》まゆ美《み》

発行者　小澤源太郎

責任編集　株式会社プライム涌光

発行所　株式会社青春出版社

〒162-0056　東京都新宿区若松町12-1
電話 03-3203-2850（編集部）
03-3207-1916（営業部）
振替番号　00190-7-98602

印刷／大日本印刷
製本／フォーネット社

ISBN 978-4-413-09737-6

©Mayumi Hoshi 2019 Printed in Japan

万一、落丁、乱丁がありました節は、お取りかえします。

本書の内容の一部あるいは全部を無断で複写（コピー）することは著作権法上認められている場合を除き、禁じられています。

ほんとうのあなたに出逢う◆青春文庫

日本人が知らない歴史の顚末!
「滅亡」の内幕
隆盛を極めたあの一族、あの帝国、あの文明はなぜ滅びたのか――
〝その後〟をめぐるドラマの真相を追う!
歴史の謎研究会［編］
(SE-716)

アドラー心理学で
子どもの「がまんできる心」を引きだす本
「なんでも欲しがる子」「キレやすい子」の心に届く言葉がある! アドラー心理学を取り入れた上手な子育て法
星　一郎
(SE-717)

ちょっとした心のクセで損しないために
つい「気にしすぎる自分」から抜け出す本
いい人すぎるのも優しすぎるのも、あなたが悪いわけじゃない。ストレスなく心おだやかに生きるための心のヒントをあなたへ――。
原　裕輝
(SE-718)

相手の「こころ」はここまで見抜ける!
1秒で盗む心理術
面白いほど簡単! ヤバいほどの効果! 「おうむ返し法」「空ボメ法」「沈黙法」…他人には教えられない禁断の裏ワザを大公開!
おもしろ心理学会［編］
(SE-719)

ほんとうのあなたに出逢う ◆ 青春文庫

1日3分！
スクワットだけで美しくやせる
山口絵里加
筋トレ&脂肪燃焼、W効果の全身ダイエット！　人気トレーナーが考案の効く筋トレ厳選7種を手軽に実践できます
(SE-720)

「ついつい先送りしてしまう」がなくなる本
その原因は心の弱さではなかった
吉田たかよし
人を待たせる、期限が守れない、何でも後回し…　タイプ別診断で、あなたの脳のクセに合った対処法を教えます！
(SE-721)

脳と体が若くなる断食力
山田豊文
疲れがとれる！　不調が消える！　集中力、記憶力がアップする！　1食「食べない習慣」から人生が変わりだす
(SE-722)

王子様はどこへ消えた？
恋愛迷宮と婚活ブームの末路
北条かや
「結婚したい」と言いながら、今日も女子会。そこにはどんな本音が潜んでいるのか。複雑な女心をひも解く、当事者目線の社会学
(SE-723)

ほんとうのあなたに出逢う 青春文庫

1秒でつかむ 儲けのツボ

発想、戦略、しくみづくりから
売り出し方まで、一瞬でビジネスの視点が
変わる「アイデア」を余すところなく紹介！

岩波貴士

(SE-724)

ハーバード&ソルボンヌ大の
最先端研究でわかった新常識

人は毛細血管から若返る

いくつになっても毛細血管は
自分で増やせる！　今日からできる
「毛細血管トレーニング」を大公開

根来秀行

(SE-725)

なぜ一流ほど 歴史を学ぶのか

歴史を「いま」に生かす極意を
歴史小説の第一人者が教える。
出口治明氏との対談「歴史と私」も収録！

童門冬二

(SE-726)

できる大人の教養

1秒で身につく四字熟語

あやふやな知識が「使える語彙」へと
進化する！　仕事で、雑談で、スピーチで、
つい使いたくなる210ワード

四字熟語研究会［編］

(SE-727)

ほんとうのあなたに出逢う ◆ 青春文庫

大人のNG

言ってはいけない！ やってはいけない！

知らないとマズい日常生活のNGから、誰も教えてくれない業界NGまで……。実はそれ、アウトです！

話題の達人倶楽部［編］

（SE-728）

理系のネタ100

ヤバいほど面白い！

「あのメロディ」が頭にこびりついて離れないのはなぜ？ 「まぜるな危険」を混ぜたらどうなる？ など、人に言いたくなる理系雑学

おもしろサイエンス学会［編］

（SE-729）

1秒でくすぐる会話

できる大人の人間関係

「いいね！」にはコツがいる。誰でも一瞬で気分が良くなる〝スイッチ〟の見つけ方。

話題の達人倶楽部［編］

（SE-730）

あなたの脳のしつけ方

目からウロコの「実践」脳科学

「聞きわけのいい脳」をつくるちょっとしたコツを大公開！ 思い通りの人生を手に入れるヒント。

中野信子

（SE-731）

ほんとうのあなたに出逢う ◆ 青春文庫

結局、「シンプルに考える人」がすべてうまくいく
質とスピードが一気に変わる最強の秘密

藤由達藏

仕事、人間関係、こだわり、不安…あれもこれもと追われる人生からオサラバする方法

(SE-732)

マンガ 企画室 真子のマーケティング入門

佐藤義典　汐田まくら[マンガ]

マーケティングの本質は、マンガを楽しみながら30分で理解できる！店を託された新人女性社員の奮闘記。

(SE-733)

最強の武器になる「敬語」便利帳 [一発変換]
仕事、電話、メール、おつきあい…もう怖くない

知的生活研究所

部長に「課長はいらっしゃいません」、来客中の「ちょっといいですか？」…日常語から敬語への一発変換方式で、使える619の実例

(SE-734)

1秒で刺さる ことわざ・慣用句・四字熟語

話題の達人倶楽部[編]

会話力と文章力が見違えるほどアップする、できる大人の日本語教室。教養がにじみ出る1500項。

(SE-735)

Mystery & Adventure

〈シグマフォース〉シリーズ⑩
イヴの迷宮 上下
ジェームズ・ロリンズ／桑田 健［訳］

〈聖なる母の遺骨〉が示す、人類の叡智の根源とその未来――なぜ人類の知能は急速に発達したのか？ Σ VS 中国軍科学技術集団！

〈シグマフォース〉外伝
タッカー&ケイン 黙示録の種子 上下
ジェームズ・ロリンズ／桑田 健［訳］

〝人〟と〝犬〟の種を超えた深い絆で結ばれた元米軍大尉と軍用犬――タッカー&ケイン。〈Σフォース〉の秘密兵器、遂に始動！

〈シグマフォース〉シリーズⓧ
Σ FILES 〈シグマフォース〉機密ファイル
ジェームズ・ロリンズ／桑田 健［訳］

セイチャン、タッカー&ケイン、コワルスキのこれまで明かされなかった物語＋Σをより理解できる〈分析ファイル〉を収録！

THE HUNTERS
ルーマニアの財宝列車を奪還せよ 上下
クリス・カズネスキ／桑田 健［訳］

ハンターズ――各分野のエキスパートたち。彼らに下されたミッションは、歴史の闇に消えた財宝列車を手に入れること。

THE HUNTERS
アレクサンダー大王の墓を発掘せよ 上下
クリス・カズネスキ／桑田 健［訳］

その墓に近づく者に禍あれ――今回の財宝探しは最高難易度。地下遺跡で未知なる敵が待ち受ける！ 歴史ミステリ×アクション!!

TA-KE SHOBO

Mystery & Adventure

タイラー・ロックの冒険①
THE ARK 失われたノアの方舟 上下
ボイド・モリソン／阿部清美［訳］

旧約聖書の偉大なミステリー〈ノアの方舟〉伝説に隠された謎を、大胆かつ戦慄する解釈で描く謎と冒険とスリル！

タイラー・ロックの冒険②
THE MIDAS CODE 呪われた黄金の手 上下
ボイド・モリソン／阿部清美［訳］

触ったもの全てを黄金に変える能力を持つとされていた〈ミダス王〉。果たして、それは事実か、単なる伝説か？

タイラー・ロックの冒険③
THE ROSWELL 封印された異星人の遺言 上下
ボイド・モリソン／阿部清美［訳］

人類の未来を脅かすUFO墜落事件！　全米を襲うテロの危機！　その背後にあったのは、1947年のUFO墜落事件——。

タイラー・ロックの冒険④
THE NESSIE 湖底に眠る伝説の巨獣 上下
ボイド・モリソン／阿部清美［訳］

湖底に眠る伝説の生物。その謎が解き明かされる時、ナチスの遺した〈古の武器〉が発動する……。それは、終末の始まりか——。

13番目の石板 上下
アレックス・ミッチェル／森野そら［訳］

『ギルガメシュ叙事詩』には、隠された〈13番目の書板〉があった。そこに書かれていたのは——〝未来を予知する方程式〟。

TA-KE SHOBO

Mystery & Adventure

イヴの聖杯　上下

ベン・メズリック／田内志文［訳］

「世界の七不思議」は、人類誕生の謎を解く鍵だった!!『ソーシャル・ネットワーク』の作者が壮大なスケールで描くミステリー。

ロマノフの十字架　上下

ロバート・マセロ／石田 享［訳］

それは、呪いか祝福か——。ロシア帝国第四皇女アナスタシアに託されたラスプーチンの十字架と共に死のウィルスが蘇る！

クリス・ブロンソンの黙示録①　皇帝ネロの密使　上下

ジェームズ・ベッカー／荻野 融［訳］

いま暴かれるキリスト教二千年、禁断の秘密！　英国警察官クリス・ブロンソンが歴史の闇に埋もれた事件を解き明かす！

クリス・ブロンソンの黙示録②　預言者モーゼの秘宝　上下

ジェームズ・ベッカー／荻野 融［訳］

謎の粘土板に刻まれた三千年前の聖なる伝説とは——英国人刑事、モサド、ギャング・遺物ハンター……聖なる宝物を巡る死闘！

クリス・ブロンソンの黙示録③　聖なるメシアの遺産（レガシー）　上下

ジェームズ・ベッカー／荻野 融［訳］

イギリスからエジプト、そしてインドへ——迫り来る殺人神父の魔手を逃れ、はるか二千年前に失われた伝説の宝の謎を追え!!

TA-KE SHOBO

ゴーストリコン ワイルドランズ
ダークウォーターズ

2019年10月28日　初版第一刷発行

著　者　リチャード・ダンスキー
訳　者　野中誠吾
装　幀　坂野公一(welle design)

発行人　後藤明信
発行所　株式会社 竹書房
〒102-0072
東京都千代田区飯田橋2-7-3
電話03-3264-1576(代表)
03-3234-6383(編集)
http://www.takeshobo.co.jp
印刷所　凸版印刷株式会社

定価はカバーに表示してあります。
乱丁・落丁の場合には竹書房までお問い合わせください。

ISBN978-4-8019-1614-2　C0197
Printed in Japan